# 大切な人を亡くした
# あなたに
# 知っておいてほしい
# 5つのこと

公認心理師
一般社団法人
日本グリーフ専門士協会
代表理事
井手敏郎

自由国民社

# はじめに

その女性が自ら命を絶ったことを知ったのは、最後に彼女を見かけてから半年後のことでした。病院の待合室で虚ろな目をした彼女にかけられる言葉は、何一つ見つかりませんでした。

さかのぼること、さらに1年。

「お願い、やめて！　やめて、お願い。お願い……」

火葬炉に入る寸前の棺にすがったまま失神した女性は、親族に抱きかかえられるように別室へと運ばれました。バイク事故で亡くなったご子息が、参列者の嗚咽とともに、骨へと変わったのです。

当時私は仏門を志していました。にもかかわらず、何もできなかった自らの不甲斐なさを長らく恥じてきました。

あの時、私はどう関わればよかったのか。どう声をかければよかったのか。その後、私はそれまで歩いてきた仏門の世界に疑問を感じ、立場も信仰も捨てました。20年以上信じたすべてを手放し、1人の心理職として人生をやり直す決意をしたのです。そんな中、思い出したのが、高校時代の留学先で触れた「グリーフ」という言葉でした。

**グリーフとは「喪失体験に伴う悲しみや嘆きとその反応」**のことです。大事な人を失い、悲しみにくれる真っ只中にある人は、安易な助言や励ましのために、深く傷つけられることがあります。不適切な関わりによって思いがけず、怒りや苦しみを招くこともあります。

「お気持ちよくわかります」

そんな何気ない一言が、慰めになるどころか、

「あなたに私の何がわかるの。ほっといて‼」

「もう二度と顔も見たくない」

という気持ちにさせることがあります。例えば、

「亡くなったお兄さんの分もしっかり生きなさい」

「あなたなら悲しみを乗り越えられる」

と葬儀場で親族に言われた少年は、信頼していた兄を亡くしたショックに加え、大きな重荷を背負わされ、自分らしさを表現できなくなりました。

死別を経験したときに、私たちには一体どんなことが起こるのでしょうか。深い心

の傷を負っている方々に、私たちはどのように向き合えばいいのでしょうか。私はその答えを探し、日本、アメリカ、ドイツで、悲嘆支援の専門家や当事者の方々の話に耳を傾けてきました。この本では、大切な人を亡くした方の拠り所として、日本グリーフ専門士協会がインターネットで開催してきた「グリーフサロン」を紙上に再現しています。

　自分の悲しみを和らげるために、本当に大切なことは何なのでしょうか。そのために知っておいてほしいことが5つあります。この5つを理解することで、あなたの気持ちは今より楽になるでしょう。

　一方で、悲しみが複雑になり、つらさが長引く要因は複数あります。それらの要因を踏まえ、あなたと同じように死別後の悲しみと向き合う人たちが変わっていく過程を、本書でお伝えします。

　グリーフケアを学術的に解説した優れた本はあるものの、実践に落とし込むことは難しいという声も少なくありません。本書はグリーフケアの実践的な取り組みの中で、あえて学術的な側面にも触れることで、当事者はもちろん、支援にあたる方にとっても良きヒントになることを目指したつもりです。

研究者の間では、悲嘆は自然なものであり、支援はいらないという考え方と、支援が当事者の力になるという２つの考えがあります。確かに死別の悲しみと向き合う上で、絶対的な方法や正解はないかもしれません。

しかし、自分が悲嘆を抱えたとき、大事な人が窮地に立たされたとき、グリーフケアの知識と支援の方法を知っておくことは大きな力になります。表層的なケアではなく、あなたの心の傷を深いところから癒し、〝哀しみを生きる方法〟はあります。

ぜひあなたも一緒に、グリーフサロンに参加している気持ちで読み進めていただければ幸いです。次ページで紹介する登場人物は、実在の人物ではありませんが、私がこれまでに出会った人たちを思い浮かべながら書きました。

●本書で提供するワークの中には、非常に気持ちが揺れる可能性があるものが含まれています。１人で行うことを困難に感じる方は無理をせず、ワークをパスして読み進めてみましょう。あるいは信頼できる心理職やグリーフ専門士、ペットロス専門士と一緒に取り組まれることをお勧めします。

## 登場人物紹介

**高橋あい**　看護師　36歳

半年前に夫と死別。幼いときに両親が離婚し母子家庭で育った。

**中村 剛**　元会社役員　64歳

6年前に妻を看取った。娘が1人いるが隣の市に別世帯で暮らしている。

**宮崎智子**　主婦（夫とは離婚）　53歳

12年前に8歳の息子を事故死で失う。夫と離婚後、娘と認知症の父と3人で暮らしている。

**山城菜美**　介護士・ケアマネジャー　41歳

5年前に夫と死別。両親のことは覚えておらず、施設で育った。子どもはいない。

**鈴木優太**　派遣社員　28歳

3年前に亡くした母に複雑な思いがある。

**井手敏郎**

ファシリテーター（グリーフ専門士・ペットロス専門士）。

# 目次

# 第1章
# 哀しみがあなたの感情にもたらすこと

「夫」「死別」……そして、「助けて」。

私は気がつくと、スマホでそう検索していた。何時間もインターネット上をさまよい、たどり着いたのが、インターネットで話ができる死別支援のグループ（グリーフサロン）だった。

夏本番になり、私が住む東京は強い日差しに照りつけられる日が多い。夫が亡くなってから、なぜか昼間の日差しがとても強く、自分の居場所が狭まるように感じられる。今の私には、夜、静まり返った部屋を照らす月明りが心地いい……。

案内されたＵＲＬをクリックすると、そこには主催者らしき男性が１人映っている。

「こんにちは、こちらの声が聞こえますか？」

開始直前になるとパソコンの画面には、私以外に５人の顔が映し出されていた。主催者の男性、あとは私を含めた女性が３人と男性が２人。

この想いと向き合えるだろうか……。何から話せばいいんだろう……。私は画面を前にしながら机の下で拳を握りしめていた。

## 遺された人たちのための保健室

男性が口を開いた。

「皆さん、初めまして。今日はようこそいらっしゃいました。これから月に1度、5回にわたって担当します、グリーフ専門士の井手です。よろしくお願いします。インターネット越しではありますが、皆さんが他では話せないことを語れる時間、リラックスできる場を目指しています。皆さんにとってこのグリーフサロンが、心地よい場になればと願っています。

まずはじめに、グリーフサロンを安全に過ごしていただくにあたって、ルールをお伝えします。死別や離別が大きなテーマになっているので、とても繊細な内容が語られる可能性があります。そこで、皆さんには『守秘義務』のご理解をお願いしています。ここで聞いたことは外には持ち出さない。これは参加された方が安心してお話していただくためのものです。

もう1つ、『パスの権利』があります。お話ししたいと思って参加された方も多いと思いますが、他の方の話を聞きながら、『自分はやっぱり話せない』という気持ちになる方もいらっしゃるかもしれません。その時には無理に話す必要はありません。ですからどうか、自分の気持ちを大事にしてください。

それから最後のお願いは、『違いを大事にする』ということです。今回参加された方の経験はそれぞれ異なります。語られた言葉だけではわからない、深いお気持ちを抱えていらっしゃるかもしれません。お話しされる方は他の人と比較せず、できるだけ自分の想いを大事に、つらかったこと、悲しかったこと、あるいはうれしかったことなどを自由にお話ししてください。

その前提で、無理のない範囲で自己紹介をお願いします。お立場のある方もいらっしゃるかもしれませんが、ここでは対等な関係を大事にしたいので、よろしければ下のお名前、あるいは、居心地のいい呼び名を教えていただけたらと思っています。

私は敏郎という名前なので、敏さんと呼んでもらえたら嬉しいです。では最初に、呼んでほしい名前と、今回はどのような経緯でこのサロンに参加しようと思われたのかを聞かせてください。一番初めに入ってくださった高橋さんから、できる範囲で自己紹介をお願いできるでしょうか」

「高橋あいです。呼び名はあいでお願いします。私は半年前に夫を病気で亡くしました。夫は約1年間闘病していました。私は看護師としてたくさんの方の死を看取ってきたつもりでしたが、夫の死は今も受け止めることができなくて、どうしたらいいのかと思って……」

「あいさん、ありがとうございます。ご主人を亡くされたばかりなのですね。よく参加してくださいました。では次に宮崎さん、自己紹介をお願いできますか？」

「はい。私は12年前、8歳になる息子を亡くしました。当時の仕事も辞めて、夫とも別れています。何とか変わりたいと思って、ここまで生きてきたのですが、息子の死とちゃんと向き合ってこなかった気がするのです。もう12年経つ

のでいまさらという気持ちもあって、周りの人に話せなくて……。でも、もし自分の想いを話せる場なら、お話ししてみたいと思って申し込みました。名前は智子でお願いします」

「それだけのことがおありなら、何年経っても向き合いたい想いがあるのは当然だと思います。もしここで話したいと思われたら、お話ししてくださいね。では次に中村さん、お話しいただけますか」

「中村剛といいます。下の名前は恥ずかしいので、中村でお願いします。6年前に妻を亡くしました。七回忌が先日終わったのですが、いまだに気持ちの整理がつかずにいます。妻が亡くなった当時は会社で役員をしていましたが、復帰できないまま今に至っています。一時は本当に死にたい気持ちもあったのですが、実際に死ぬ勇気もなくて……。このサロンは先日たまたまインターネットで見つけて、お話を伺ってみようと思いました」

「中村さん、そうだったのですね。よくご参加くださいました。少しでもお力になれたらと思います。お名前はご自分にとって居心地のいいもので大丈夫です。次は、山城さんお願いします」

「山城菜美です。私は5年前に夫を亡くしました。今でも夫のことを思い出すと涙が止まらなくって……。知り合いに精神科の受診を勧められたこともあったのですが、どうしても薬には頼りたくなくて、病院に行くことができませんでした。今日は自分の中で何が起きているのかを知りたくて、参加しました」

「山城さん、ありがとうございます。ご自分の中で何が起きているのか知りたいとお考えなのですね。ぜひ一緒に考えていきましょう。呼び名は菜美さんでよろしいですか?（菜美がうなずくのを見て）では、菜美さんと呼ばせていただきます。最後に鈴木さん、お願いしてもいいでしょうか」

「鈴木優太です。……俺は3年前に母親を亡くしました。あ、俺って言い方、

こういう場所では変ですよね。えーっと、僕は……？」

「『俺』で全然構いませんよ。ここでは気負いなく話していただくのが一番大切ですから」

「……はい、わかりました。あと何を言えばいいのかな……ずっと付き合っていた彼女とも半年前に別れちゃって、今は派遣の仕事に行ってるけど、みんなと合わないっていうか、すごく生きづらいなって感じていて、ここに参加しました。優太って呼んでください」

「優太さんは生きづらさを感じていらっしゃるのですね。……皆さん、自己紹介ありがとうございます。それぞれの方が他の人にはわからない悲しみを抱えていらっしゃると思います。このグリーフサロンは、皆さんにとって保健室、あるいは談話室のような役割を目指しています。それぞれの生活の場で居づらかったり、少し調子が悪くなったりすることがあるかもしれません。ここはそ

んな皆さんにとって、家庭でも職場でもない、第3の居場所と考えてくださいね。これから、お1人おひとりの想いをゆっくり語ってもらうことで、気持ちが楽になるプログラムを提供していきます。死別体験をした方の心と身体、また周辺にどのようなことが起きるのか。それに対してどう向き合っていけばいいのか。悲しみを和らげるために必要なことを一緒に考えていきましょう」

## グリーフとは喪失体験による悲嘆反応

「グリーフサロンは、死別や離別を体験された方が想いを語る場所です。皆さんに詳しくお話ししていただく前に、まずグリーフという言葉から説明させてください。グリーフというのは英語で『悲嘆』という意味です。もう少し丁寧に言うと、大切な人やものを失った体験による『悲嘆反応』をグリーフと言います。最初に挙げられるのは死別ですね。大切な人と別れ、悲しみを抱えることは比較的容易に想像できると思いますが、それだけではなく、食事が取れなくなったり、寝ることができなくなったり、物事に集中できなかったり、人と

接することが怖くなったり、といった心や身体、周囲との関係などに起きるさまざまな状態をグリーフと言います。そしてグリーフは、人に対してだけではなく、長く一緒に過ごした動物たちとの別れの場合にも同じように起きます。ある方にとっては、動物たちが人間以上の存在ということもあるかもしれません」

「私は息子が亡くなった翌年に生まれた飼い犬を、去年亡くしました。息子を亡くしてからは、その仔を息子の生まれ代わりのように感じていました」

「智子さんにとって特別な存在だったのですね。動物たちとの別れの悲嘆をペットロスと言いますが、もはや家族である彼らとの別れは近年特に大きなテーマになっていると感じます。皆さん、話を聞きながらご自分でも話したいなと思われたら、どうか遠慮なさらずお話しください。また、喪失体験の悲嘆は死別だけではありません。災害もそうです。もちろん死別を伴うこともありますが、災害の場合は家を失うというだけではなく、自分が安心できる居場所を失

うという体験かもしれない。仕事場であれば、立場や経済的な基盤を失うことにもなります。それによって気持ちが不安定になったり、体調が揺らいだりすることもあります。これも喪失体験による悲しみや嘆きで、身体にも反応が起きますから、広い意味でグリーフと言えます」

「僕は東北の出身なんですが、震災で実家は倒壊してしまいました。昔の友人も何人か亡くなって、自分の拠り所が抜け落ちたような感覚があります」

「そうでしたか……それはとても大変な思いをされたことと思います。拠り所がなくなるということも大きな喪失になりますので、そこも大事にしながらお話を伺えたらと思います。グリーフはとても広い概念です。例えば離別もその1つです。この中で離婚を経験された方もいらっしゃるかもしれません。例えば、父親に課題があって別れ、母親が子どもと暮らすことになったとします。実際はいろいろ考えての決断だと思いますから、今は離婚の是非は横に置いておきますが、子どもの立場で考えれば、父親を失うことになります。母親の立

場なら、父親の分もしっかりしなければという思いで、仕事に出たり、子どもに厳しくなったりすることもあります。もしかしたら、『優しいお母さんがいなくなってしまった』という感覚に子どもはなっているかもしれません。なかなか母親の愛情を感じられない寂しさから、気持ちが落ち着かなかったり、勉強に集中できなくなったり、食事が喉を通らなくなったりということも考えられます。もちろん母親も、大切な我が子との時間が作れない、優しくしてやれないといった葛藤もおありかと思います」

「私の両親は小学生のときに離婚したんですが、遅くまで仕事を頑張っている母に甘えてはいけないという気持ちがすごくあったのを覚えています。お金がかかることは申し訳ないとか、心配させたくないとか思って、鉛筆すら買いたいと言い出せなかったことがあります……」

「あいさんは、幼いときから甘えたい気持ちを我慢してこられたのですね。幼いときに子どもらしさを失うような体験も、大きなグリーフです。また、怪我

や病気で自分の思うようにならなくなることもあります。スポーツ選手が何らかの事情で自分の能力を発揮できなくなったことで、心身の調子を落とすことも喪失の悲嘆であり、グリーフと言えるのではないでしょうか。少しだけ自分の話をさせてもらうと、私の場合は、幼いときに左目の視力を2度の事故で失った経験をしてから、時々自分でもコントロールできない怒りに悩んできました。死別経験もいろいろあるのですが、私自身は幼いときの怪我がきっかけで、喪失に強い関心を持つようになったと思っています」

「全然知らなかった……グリーフケアは、随分広いテーマなのですね」

「ええ。もう1つ挙げておくと、認知症などもそうです。認知症の方は、一般的には病気を抱えた方と捉えられると思います。しかし一方で、たくさんのものを失っているという意味では、グリーフの状態にあるとも言えます。奥さんが亡くなった後に認知症を発症され、グループホームに入居された方がいらっしゃいました。自分自身のこれまでを思い出せず、パートナーやお子さんの顔

も名前も忘れてしまっている中、自分にとって安心できる場所はここじゃない、自分にとって安心できる大切な人はここにいないという気持ちになることがあります。大海に放り出され、まわりにすがれるものは何一つないように感じられているのかもしれません。少しでも安心を求めて、『家に帰りたいんです！』『妻はどこですか？』と何度も何度も叫ばれるのは、病気というよりも人として当然の気持ちではないでしょうか。ここまでいくつか例を挙げたように、喪失の悲嘆は誰にでも起こる自然な反応と言えます」

「私もグリーフケアは死別のこととばかり思っていたので、印象が変わりました。特に認知症がグリーフという意識はまったくなかったので、少し驚きました。関係ない人はいないテーマなんだなと改めて思います」

「そうですね。私たちもグリーフケアの中心テーマは死別だと考えています。ただ、それまでの喪失体験が死別をしたときの悲嘆に大きな影響をもたらすことがあるので、広い意味でのグリーフも念頭に入れつつ、グリーフケアを進め

ていく必要性を感じてきました。今回はゆっくり皆さんのお話を伺いながら、グリーフを抱えた方に起きる5つの反応について一緒に理解を深めていく予定です。グリーフの反応がわかると、ご自分に起きていることが認められるようになり、何より安心できるようになります。毎月1回ずつ、今回から5回に分けて、ご自身を大事にするために必要なことを一緒に考えていきましょう」

「周りにも、僕と同じように配偶者を亡くした人はいるんですが、僕自身は6年間も引きずっていて、他の人より悲しみが長引いている自覚があります。仕方ないという気持ちと、自分はおかしいのかなという気持ちの両方あるんですが、実際のところはどうなんでしょう……」

「周りと比較してしまう気持ちはありますよね……。奥様のことや震災のことなど、中村さんが体験されたことを考えれば、長引いても決しておかしくありませんし、楽になるためにできることを一緒に考えていけるといいですね」

「ありがとうございます。何か悲しみが深刻になる原因はあるのでしょうか」

「そうですね……喪失の深さとか長さは、専門的に捉えると7つほどポイントがあります。『誰が亡くなったのか』『どのように亡くなったのか』『故人との愛着関係』『過去の喪失体験や既往歴』『本人の能力や気質』『周りのサポート』『喪失に関連した二次的な影響』などが関係すると言われます。今言ったことを踏まえて、悲しみを和らげるために知っておきたいことをお伝えしていくつもりです。この5回にわたるサロンで取り上げるものは、死別を体験した人に起きる『感情への影響』『身体への影響』『周囲への影響』『精神への影響』『未来への影響』についてです。これらの5つの影響を詳しく知ることで、自分の今の状態を認められるようになります。自分を認められるようになると、だんだんと気持ちも軽くなっていきます」

「いろいろ知っておくべきことがあるんですね……」

「このサロンでは、まず皆さん1人ひとりに起きたことを一緒に語り合えたらと思っています。その上で、これから悲嘆に向き合っていくために有益な知識もお伝えするつもりです。今日は皆さんが話しやすいように、1つの概念を用意しました。これは大切な人を失ったとき、どのような感情、心の状態を経験する可能性があるのかを示したものです」

## 喪失体験後の「心の地図」を持つ

「道に迷って、私たちは不安になるときがあります。その不安を大きく分けると、2つのものが考えられます。1つは『自分はいったいどこにいるのか』。もう1つが『どの方向に向かって進めばいいのか』というものです」

「何だか私も森の中をさまよっている気がしていて、どこをどう歩いたか覚えていないこともありました。今も自分がこの森を抜け出せるのだろうかという気持ちもあります。自分がいる位置がわからないのは大きな不安です……」

「そうですよね。その森をさまよっている不安を和らげる1つの方法が、『地図』を持つことです。多くの人たちには、悲嘆というものについて十分な知識がありません。そのため、直面する課題に圧倒されてしまうことがあります。しかし、予測がないまま向き合った場合と比べて、ある程度の予測があって向き合った場合は、その後の対処が大きく変わることがさまざまな研究で裏付けられています。今から紹介するものは、その喪失体験における『心の地図』のようなものです」

「私自身が不安で、だんだん変になるんじゃないかという怖さもあります。今は看護師の仕事に打ち込むことで、その不安な気持ちをごまかしていますが、『心の地図』を持てれば変わる気がしますね」

「あいさん自身の悲嘆にとっても、あるいは周囲の人がグリーフで苦しんでいる場合にも、きっと道標《みちしるべ》になるはずです。道に迷ったときは、何か目印になるものがないか探しますよね。街であれば建物の住所を見たり、地図と見比べた

りすることで一定の安心を得るかもしれません。森の中であれば大きな木から分かれ道があったとか、途中に切り株があったとか、いずれにしても目印を見つけられたらほっとすることができます。その地図に準ずるものがあるのか、ないのかによって、安心感はまったく変わってきます」

「でも、その地図って本当に正しいのですか？　私はいろんな人に話を聞いてもらってきましたけど、『時間が解決する』とか、『あなたの夫はあなたを向こうの世界から見守っている』とか、聞こえのいいものばかりで、そんなこと簡単に言わないでほしかったです……。そういう話を聞くと、『あなたは向こうの世界に行ってきたんですか？』『私の夫の気持ちを知る特殊な力でもあるの？』って思っちゃって、専門家とかカウンセラーとか、心からは信じられないです……」

「そうだったんですね。私自身もグリーフを抱えてきた1人ですし、これからも抱える可能性を持っている仲間として関わりたいと思っています。ただ、こ

れまでの学術的な研究や理論も踏まえた上で、今の菜美さんの気持ちにも応えていきたいです。その上で、この地図が力になるかどうか、参考程度でもいいので聞いてみてください。話を聞いていてつらいとか、何か違うとか思われたら、いつ離れても大丈夫ですから」

「……わかりました」

「悲嘆の理論としてよく知られているのは、死の専門家と言われたエリザベス・キューブラー＝ロス博士の、『死の受容の5段階説』です。これは、いよいよ亡くなっていかれる方の心理を研究したもので、世界に大きな衝撃を与えました。それによって死にまつわる分野、死の周辺の心理の研究は非常に進んだと言われます」

「私も看護学生時代にキューブラー＝ロスの『5段階説』は読みました」

「看護師さんにはご存知の方が多いですね。これは死を前にした本人の気持ちとして知られています。ただ、段階や順番については、多くの論文で否定的に見られています。またこの死の受容の5段階説を、遺された人の死別後の心理変容にそのまま応用しようとしたことも問題だったとされています。終末期の当事者の気持ちも死別後の心理も、必ずしも段階や順番ではありません。私は学生時代、上智大学名誉教授のアルフォンス・デーケン先生から、配偶者を亡くした後に12の段階があると教えていただいたことがあります。12の段階は必ずしも順番ではないとされた上で、さまざまな実践や研究の中でたどり着いた意義深いモデルです。しかし、私自身は当事者が理解しやすく、支援者が実践しやすくするために、よりシンプルに捉えることが大切だと思ってきました。そこで今回は、皆さんが自分の状態を知るための1つの概念として、『グリーフスパイラル』と呼んでいるものを示します」

グリーフスパイラル

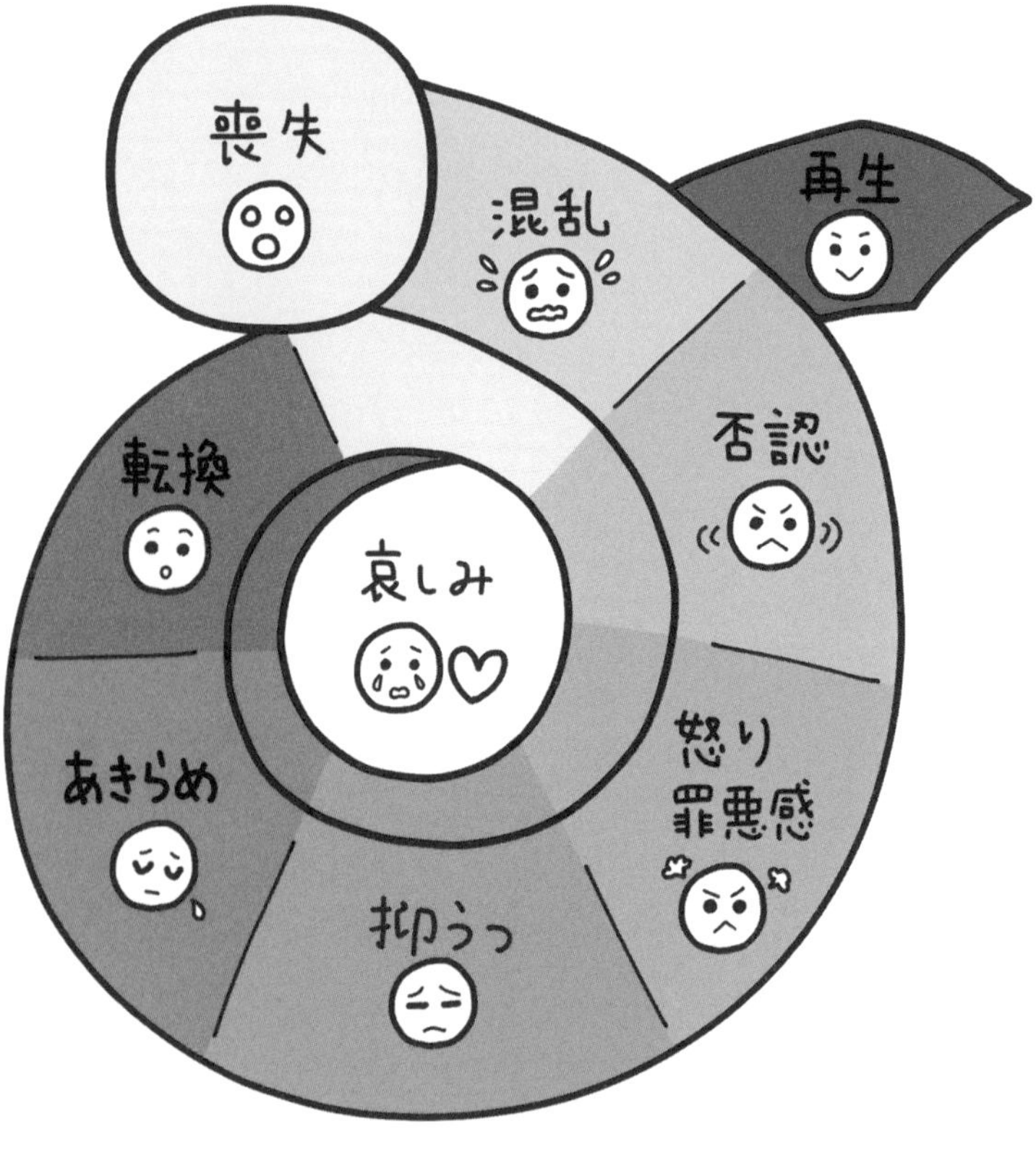


※各局面はランダムに現れます。

「この概念も、段階的なものではないのですか？」

「段階ではありません。そこはもう少し詳しくお伝えする必要がありますね。端に『喪失』があり、中央に『哀しみ』があります。そして、その周辺に『混乱』『否認』『怒り・罪悪感』『抑うつ』『あきらめ』『転換』『再生』と書かれています。先ほど触れたように、これらの状態は必ずしも順番に現れるものではありません。また、この概念のみでは表現しきれない状態もあるため、1つの目安として理解されるのをお勧めします。その上で、まず大切にしたいのが、中央にある『哀しみ』です。**哀しみは、喪失体験における『本質』の部分です。本質というのは目には見えないかもしれませんが、確実にそこにあるものです。**本質とは、それは一体何なのかの答えでもあります。そして周辺のものは『現象』です。現象は表面に現れるものなので、目に見えてわかりやすいのですが、それらは変化していくものであり、絶えず変わっていくものであり、とどまらないものです。大切な人を亡くしたときは、この本質と現象というものの2つを抱えながら生きていると考えると、自分のことが少しずつわかってきます。

さて、ここまで聞かれて何か感じられた方はいらっしゃいますか」

「まず、ここで何が聞けるのかも何が話せるのかもよくわからなかったので、正直不安でした。ただ、今の自分が道に迷っている状態であり、地図が何かの頼りになるかもしれないというのは、少し灯が見えたというか、これから自分がどうなるのかがとても不安だったので、それが聞けるならありがたいです」

「そうですね。具体的なことはこれから一緒に話していきましょう」

「哀しみ」と「悲しみ」と「愛しみ」

「さて、ここで画面のボードをご覧ください。『哀しみ』『悲しみ』『愛しみ』、3つの言葉が書いてあります」

哀しみ

悲しみ

愛しみ

「どういう違いがあるのでしょうか？」

「大切な人を亡くしたときの哀しみを、私は『悲哀』の『哀』の字で書きます。『悲』という文字は、非に心です。非は象形文字で、お互いが背を向けています。ですから心が引き裂かれると解釈できます。それに対して『哀』という文字の中には口と衣という字があり、衣で口を覆い隠され、さらにふたで閉じられているように見えます。心の奥にたくさんの想いを抱えながら、誰にも言えずにいるような印象を受けませんか。死別で苦しむ状態というのは、一般的に使われる『悲しみ』という言葉よりも、より深く繊細なものだと考えて『哀しみ』としています」

「引き裂かれる気持ちももちろんありますが、その気持ちを言えずに生活してきた過去が私にはあります……。息子のこともそうですが、父の認知症もなかなか周りの人に相談できませんでした。私には何となく『哀しい』という言葉がしっくりきます」

「お父さまのこともあったのですね……。この『哀』は『あい』とも読みます。『哀』は『愛』にも通じます。引き裂かれるような悲しみだけではなく、あの人に会いたい。できることならばもう一度抱きしめたい。一目でいいから姿を現わしてほしい。**哀しみの中には、その人を愛する気持ちや愛おしい気持ちもあります。**ですから『愛（かな）しい』という表現もあります。私はいろいろな方に関わる中で、ご自身の自覚のあるなしにかかわらず、『哀』の奥には『愛』があると感じてきました。もちろんこの『哀』には、引き裂かれるような気持ちの『悲しみ』も含まれるし、『寂しい』『つらい』『苦しい』『悔しい』『怖い』という思いも含まれています。これから1人で生きていけるのだろうかという『不安』や『心配』、がっかりしたという『落胆』や『空虚感』もあるでしょう。**この複雑な気持ちを心の奥に押し込めた状態がグリーフです。**哀しみはプロセスの一部というものではなく、奥に残っているものです。もっと言うとこの哀しみが常に根っこにあって、これからお話をするさまざまな状態や反応が引き起こされていきます」

「『哀』の1字にそんな深い意味があるとは、少し驚きました。僕はここまでの話だけでも自分の心が見えてきたというか、何だか納得しました」

## 混乱や否認の局面で起きていること

「今回は自分が語ったり、周りの方の話を聞いたり、知識を得たりする中で、自分の心や身体に起きていることをないがしろにせず、こうして集まった仲間と一緒に丁寧に感じ取っていけるといいなと思っています。今からお話しすることは必ずしも順番に起こることではありませんが、多くの方が経験する状態です。もしご自分が経験されたことをこの場で共有していただければ、お互いが心の痛みを手放す貴重な経験になると思います。ちなみに私が語る内容は、ご本人の了解を得ているか、本人が特定されない形にしていることはお伝えしておきます。先ほどのグリーフスパイラルをもう1度ご覧ください。大切な人を亡くした直後というのは、多くの方が『混乱』されます。死別を通して、大きな混乱を経験したという方はいらっしゃいますか」

「……先ほども話しましたが、私は事故で息子を亡くしました。連絡が入って病院へ向かったのですが、どこをどう走ったのかも、その後の葬儀で誰が来ていたとか、どんなことをしたとかも、ほとんど覚えていないんです……」

「そうなられるのは当然だと思います。混乱しているときは何も聞こえない、何も感じないということも多くありますね。何も覚えていないし、何もなかったかのように思うことさえあります」

「覚えていないものですから、自分の言うことやしていることに自信がなくなって、自分でも本当におかしくなったのかなって思った時期がありました。何度か友達に『私おかしくない？』と尋ねたことがあります」

「実際、智子さんのご経験のように、息子さんという大切な存在が突然亡くなるということをまともに受け止められないのは、致し方ないことだと思います。死別直後のことを覚えていなかったり混乱したりするのは、あまりにつらすぎ

る現実から目をそらそうと、一時的に自分の身を守るための、心理学で防衛機制と言われる反応だったのかもしれません」

「確かにいろいろ覚えていたり、感じていたりしたら、逆に耐えられない時期だったかもしれないと思います……」

「『混乱』の隣にある『否認』も、混乱の局面と近い反応が起きることがあります。否認というのは、その出来事が嘘であってほしい、何かの間違いであってほしいという、つらい現実が受け止められない状態と言えます。否認についてはいかがでしょうか。この場で話してもいいという方はいますか」

「この話に当てはまるかわからないのですが、私も夫が亡くなってから、1カ月くらいは現実感がありませんでした……。家の近くに夫とよく散歩した公園があって、その前を通ると、いつも彼を探している自分がいるんですね。お葬式だって済ませていますし、お仏壇もあるのに、それでも嘘であってほしいと

いうか、信じられていないのでしょうね。彼の部屋のドアを開けたら、彼が居るんじゃないかって気持ちがずっとありました……」

「そうでしたか……。あいさんのお話をご自分のことのように感じられた方もいるかもしれません。また実際に、周りから見ると驚くくらい否認している状態の人もいます」

「私はどうだったのか、自分ではわからないのですが、数年前に知人が旦那さんを事故で亡くした後、様子を見に行ったときに夕食の準備をしていて、どうして2人分なのと尋ねると、『夫も夜には帰ってくるから』とさらっと言われたんですね……。『いつも仕事で遅いのよ』って、今の状況がまったく飲み込めてないんじゃないかと思ったことがあります……」

「お知り合いにそんなことがあったのですね。それも現実を受け止めたくないという否認から起きているかもしれませんね。その隣にある『怒り・罪悪感』

についてはいかがでしょうか。どなたかお話になりたい方はいますか」

## 怒り・罪悪感の局面で起きていること

「続けてでもいいでしょうか……。夫は、私が勤務する病院に入院していました。夫が亡くなった当日のことです。朝7時に夫の病棟から電話があって、大急ぎで夫の元へ向かったのですが、私は看護師なので彼の姿と心電図を見て、『今日だ！』とわかったんですね……。それでも主治医の先生に私は、もしできるなら、そのままもう少し人工呼吸器を使ってほしいと頼みました。でも先生には、次に人工呼吸器を使ったら、肺が破れちゃうかもしれない。このままの方が最後の時間を有意義に過ごすことができるかもしれないと言われて……。『先生はもう助けてくれないのですね……』と口にしたら、先生は『ごめんなさい』と言って泣かれたのです。はっきりと、もうだめなんだってわかりました」

「そうだったのですか……」

「その時、夫の知人である、女性の言葉が頭をよぎったんです。『洋次に何かあったとき、呼んでくれなかったら一生恨むわよ』って。夫は有名とは言えませんが、お笑い芸人をしていました。彼女は夫が所属していた芸能事務所の社長さんなのですが、気持ちの余裕がなくて、とても悩みました……。今は私たちだけになりたいって……。でも恨まれても困るし、彼のことを大事にしてくれている人だし、という思いで電話をしました。ところが病室に慌ててやってきた彼女の振る舞いに、私は唖然とさせられました。妻である私を差し置いて、彼女が夫に一番近いところを陣取ってしまったんです……。『なんであなたがそこにいるの⁉』と叫びたい気持ちでいっぱいでした。しかも、私の夫が亡くなったときはこうだった、ああだったとか、葬儀のときはとても大変だったとか、昔の自分の話まで持ち出して……。目の前の夫はまだ生きているのにそんな話は聞きたくなかったし、『あなた、何様なの！』って本当に怒り心頭に達して、叩き出してやりたかったです……。でも何にも言えず、私は夫を見ているしかありませんでした。こうして話していても、怒りが収まっていない自分がいます。すみません、もう少しだけ話してもいいでしょうか」

「大切なお話ですから、続けてください」

「その時、夫のサチュレーション（動脈血酸素飽和度）モニターの数字を頻繁に見にくる同僚の看護師がいたのですが、仕事とはわかっていても、『どうせ見るなら数字じゃなくて、洋次くん自身を見て‼』と私は心の中で叫んでいました。こんなものがあってもなくても、洋次くんはもう逝っちゃうと思ったら、つながれている姿がとてもつらくて……。その後、駆け付けてくれた他の友達にも私はお願いしました。『手を握ったり、さすったりしてもらえる？　こんな状況で、何で？　と思うかもしれないけど、洋次くんにばかなことを聞かせてあげて』って……。彼に最期、少しでも笑っていてほしかった……。一緒に笑っていたかったです……。夫はどんな時でも人を笑わせたい人で、私が落ち込んでいると、『何を悩んでんの？　エンタメじゃないなあ』と、いつも笑いに変える人だったから、最後はみんなで笑って送ってあげたかったんです。そんな中、ついに呼吸が止まってしまって……。彼の友人に『あいちゃん、洋次のところへ』と言われてそばへ行こうとした瞬間、社長さんが『洋次‼』と叫

んで、彼に抱きついたんです」

「いくらなんでもそれはないな……」

「『えっ⁉　そこは私の場所……』と呆気にとられて、その後のことはよく覚えていません……。コントみたいな話なんですが、私と大切な人の間にズカズカ入ってきた彼女への怒りは今もあります……」

「そんなことが……。妻として闘病生活をともにして来られたあいさんのお気持ちを思えば、腹わたが煮え繰り返っても当然だと思います」

「でも、皆さんに聞いてもらって少し楽になりました。その場では言えないまま、消化できていませんでしたが……」

「ここで消化できていない想いを語って、徐々にでも手放していけるといいで

すね」

「はい……」

「『怒り』は大きく分けると、6つの方向に向けられます。1つ目は、大事な人を傷つけたと思われる人に対して。2つ目は、亡くなった人に対して。3つ目は、『あなたたちに私の気持ちがわかるの⁉』と言ったような形で、身近な他者に対して。4つ目は、『世の中が悪い、制度が悪い』と社会に対して。5つ目は、『どうして助けてくれなかったの？』と神仏に対して。最後の6つ目は、『あの時私が気づいていれば、一言伝えていれば……』と自分自身に対してです。この負のエネルギーは、自分以外（外側）に向けられれば『怒り』ですが、自分自身（内側）に向けられたときは、『罪悪感』や『自責』となります」

「俺は自分に対して怒っているっていうか……母ときちんとお別れができなかったので、自分を責めてます。母の最期に一緒にいてあげられなかったんです。父の顔はもともと知らなくて、俺は母と2人で生活してきました。だから母に

できることをしようと思ってきました。でも、俺が用事で家に戻っているときに病院で死んでしまって……。母を1人で逝かせないとずっと思ってきたので、看取れなかったことが心残りになってます……」

「優太さんはそんなお気持ちだったのですね。まずは自分の心に起きていることを感じることから始められるといいですね」

「はい……」

## 抑うつやあきらめの局面で起きていること

「次に『抑うつ』についてはいかがでしょうか。ここでお話している抑うつは、必ずしも精神疾患の『うつ病』のことではありません。突然の出来事で混乱したり、受け入れがたい現実を否認したり、誰かを責めて怒り、自分を責めるというのは、とてもエネルギーを使う状態です。数十キロを走ってきた人が途中

で倒れたり、動けなくなったりすることは当然で、ランナーは一時的にブレーキがかかるときがあります。むしろずっと元気である方が不自然かもしれません。それらはあくまで自然な反応と捉えたいところです。今日は感情に少し絞って話をしていきますが、身体に起きる反応もとても大切ですね。グリーフにおける抑うつと疾患としてのうつ病との違いについても、次回取り上げて、皆さんと一緒に理解を深めていきたいです」

「それはとても気になります。自分は大丈夫なのか、病院に行った方がいいのか、自分でもわからなくて……。結局病院に行って、薬を飲んでいた時期もあったのですが、余計に調子が悪くなって今は通っていません……。ただそれはそれで不安な気持ちもありますので、自分である程度見極められる基準が持てるならありがたいです」

「私は、息子が亡くなってから本当に動けなくなってしまって、食事も取れなくて……。医師からはうつ病と診断されて、随分苦しみました」

「お2人とも悩んでこられたところなのですね……。非常に大切なテーマなので、次回詳しく取り上げましょう。今回は心の状態を中心に、喪失体験後の全体像を捉えていきますね。『抑うつ』の隣にある『あきらめ』は、決してネガティブな意味合いだけではなく、現実を少し客観的に見られるようになった局面を指しています。どれだけ泣いても叫んでも大事な人は戻ってこない。ここから始めるしかないという状態です。でも哀しみがなくなったわけではありません」

「どれだけ泣いても叫んでも、戻ってこないのだというのもわかります。僕も何とか受け入れようとはしてるんですよ。でも完全に妻の死を受け入れたわけではないので、受け入れたと言われちゃうと何か違う感じがするんですね……。仕方ないというか、これが現実なのだという感じなので、『あきらめ』という言葉は、僕の今の気持ちには近いかもしれません」

「中村さんは、ご自分の気持ちに『あきらめ』が、比較的しっくりくる感じな

のですね。『あきらめ』の隣にある『転換』は、このままじゃいけない、何か始めなければと少し行動できるようになった局面です」

「『あきらめ』もなるほどと思いましたが、そういう点でいうと今、こういった場に参加しているのは『転換』なのですかね」

「そうかもしれませんね。私たちは診断できない立場ですし、それぞれの局面は誰かが決めるものでもありません。その上で、今回グリーフスパイラルをお伝えしている目的は、自分の気持ちを整理したり、これから生きていく上の目安になったりすればと願ってのことです。便宜上、いくつかの局面に分けましたが、これも明確な区分があるわけではありません。これらが重なって現れているように感じるかもしれません。ただ、喪失体験後どんな状態になるのか不安な人にとっては、大まかな地図にはなるはずです。それくらい柔軟に捉えるといいと思います」

「敏さんが言っていたように、地図があるのとないのとでは確かに安心感は違う気がします」

「……私はそんなうまい風に進まないと思います！」

「菜美さんはそんなにうまく進まないと感じられるのですね」

「気持ちって単純じゃないし、私は今も怒りから離れられないです。私は夫が亡くなって、外に出られなくなりました。でもこのままじゃだめだと思ったから、すごく勇気を出して、あえて明るい服を着て、久しぶりに外に出てみたんです。そうしたら向かいの家の奥さんから、『元気になってよかった』と声をかけられて……。『あなたに私の何がわかるの！』って、心の中で叫びました。それからまたしばらく、外には出られなくなりました……」

「怒りに引き戻されたような気持ちになられたのですね。菜美さんのように気

持ちが揺り戻される感覚になることもあると思います。やっとの思いで外に出ても、例えば亡くなった人に似た人を見つけて、動揺して、やっぱり外になんか出られないという気持ちになることもあるでしょう」

「そういうことが何度もありました……」

「グリーフはらせんを描くように、何度も似たようなことを体験しながら変化していきます。シュナイドマンという専門家は、悲嘆に関わる心理変容を、『蜂が巣箱の周りを飛び交うようにさまざまな心が飛び交う』と表現しています。人によっては、行ったり来たりしているように感じるかもしれません。しかし、どんなに苦しい立場にあっても、少しずつ人は成長して、やがて『再生』に向かっていくと私は信じています。最後に『再生』は、自分らしく生活できるようになった局面、と今日のところはお伝えしておきます」

「私は周りの人にすごく不信感があって、まだよく整理がつかないです……」

「正直にお話してくださって、ありがとうございます。菜美さんが最初から信じられないのは当然だと思います。今、納得しようとしなくても大丈夫です。1人ひとり異なる受け止め方があるのは当たり前ですし、それを踏まえて一緒に感じたり、考えたり、本音を語れる場になればいいなと思っています。今日は大事なお話を深くしてくださったので、みなさん、思っている以上に疲れていらっしゃると思います。このような話をした後は、気持ちが揺れることがあったり、夜眠れなかったりということもあります。一方、今までにないほどぐっすり眠れる人もいるかもしれません。いずれにしても気持ちが揺れている可能性があるので、この後はゆっくり過ごしてもらいたいです。今日は皆さんに1つおまじないというか、セルフケアの方法を紹介しておきますね」

## 自分のためのお守りを持つ

「今日紹介するのは、『バタフライハグ』と呼ばれているものです。これは気持ちを落ち着かせるために、比較的簡単にできるセルフケアです。ぜひ試してみ

てくださいね。まず身体の前で手を交差させます。目をつぶってもいい方はつぶります。目をつぶると不安な方は開けたままでも大丈夫です。そして頭の中で、自分にとって心地が良いものを思い浮かべてみましょう。安心できる人、場所、モノなど、あなたが心地よいものなら何でも大丈夫です。心地よいイメージを思い浮かべながら、交差させた両腕で、自分自身を優しくハグします。そして、両肩を交互にトントントンと優しく刺激してください。自分のペースで構いません。トントントン……。そのまま2分ほど続けます。

(2分後)

ゆっくり目を開けていきます。これはあなたの心のお守りです。来月お会いするまでに気持ちが落ち着かないと感じたら、いつでもどこでも大丈夫ですから、やってみてください。皆さんの心と身体がもっと楽になりますように」

## あいのつぶやき

初回の「グリーフサロン」は午後8時から始まり、2時間後に終了した。思いの外、疲れた。パソコンを置いた机の脇にあるベッドでほんの少し横になるつもりが、そのまま眠ってしまった。気が付いたのは午前2時だった。初対面の人たちの前であんなに話せたことは意外だった。初めは自分の想いを人前で話せるだろうか。もし泣き崩れたらどうしよう。そんな気持ちを抱えていたけれど、誰よりも話していた自分に改めて驚いた。それから最後に、整理がつかないと言っていた菜美さんがとても気になった。変な言い方だけど、夫との死別という意味では先輩に当たることになる。彼女は私の未来なのだろうか。シャワーを浴びて布団に潜り、もう一眠りしようとしたが眠れない。私は気持ちが揺れる自分をそっと抱きしめ、優しく肩を叩いた。

## 1章のまとめ

●喪失体験後、混乱、否認、怒り・罪悪感、抑うつ、あきらめ、転換、再生という状態がある。

●反応は順番に起きるのではなく、らせんを描くように、時にランダムに体験される。

●各局面は哀しみを中核とした「心の地図」として理解しておくことが対処の道標になる。

●それぞれの局面は、自分自身を守るための「自然な反応」であることを知る。

●自身をケアする習慣としてバタフライハグをする。

## 【ワーク】不安な気持ちを落ちつける（バタフライハグ）

１９９８年、イグナシオ・ジャレーロ博士たちにより考案されたバタフライハグは、心的外傷後ストレス障害（ＰＴＳＤ）をケアする手法の１つです。ＰＴＳＤ（Post Traumatic Stress Disorder）とは、強いショック体験や精神的なストレスが心にダメージ（トラウマ）を与え、時を経てもなお、その経験に強く恐怖を感じる症状です。その原因として、災害（事故、火事、地震、洪水など）や暴力などが挙げられます。

当時注目された研究に、「目、耳、腕などの体の一部を左右交互に刺激すると、トラウマの解消効果がある」というものがあります。バタフライハグはトラウマ治療に有効とされるＥＭＤＲ（眼球運動による脱感作《だつかんさ》と再処理法）から派生した方法と言われ、メキシコのハリケーン被害で初めて実践され、効果も実証されました。

ＰＴＳＤに陥ると、右脳がネガティブな感情を過剰に作り出すため、前向きな意欲を作る状態が働かなくなります。一方で、左脳は感情を抑制する働きがあるとされています。そのため左右へ交互に刺激を与えるバタフライハグは、右脳と左脳のバランスを整え、気持ちを落ち着かせ、トラウマ（trauma）、悲嘆（grief）、不安（anxiety）、怒り（anger）、抑うつ（depression）等の解消に効果を発揮すると言われます。

現在ＥＭＤＲは、トレーニングを受けた医師、公認心理師、臨床心理士らが実施できる手法ですが、バタフライハグはいつでもどこでも、比較的容易に自分自身で行える手法です。ネガティブな感情を抱えたときに、まず自身の前で両手を交差させ、自分を優しくハグします。その際、何らかの安心できるイメージを想起して行うのもポイントです。イメージができたら、2分を目安に気持ちが落ち着くまで、自分のペースで両肩もしくは二の腕を交互に刺激しましょう。

あなたにとって、ちょっとしたお守りになることを願っています。

## 【コラム】段階論と位相論

アメリカの精神科医で、死の専門家と言われたエリザベス・キューブラー＝ロス博士は、死にゆく人の過程を死の受容の5段階として発表しました。死と向き合う人間の心理として、多くの研究に影響を与えた一方で、5段階の順番通りには進まないという批判的な論文も散見されます（博士自身は後に順番ではないと主張しています）。

遺族の心理に関する論文にも彼女の研究は多く引用され、批判的に見られる一方で、段階論を唱える専門家も少なくありませんでした。その後、研究はさらに進み、コリン・M・パークス（英・精神科医）などによって位相論が発表されました。位相論は喪失体験後の順番に反応や状態を経験していくとした段階論とは異なり、周期的に繰り返しながらも、それぞれの反応や状態の順番は明確ではないとしたのが特徴です。

本文で紹介しているグリーフスパイラルも、実際は何度も各状態や反応を繰り返し、時にスキップするとしている概念です。哀しみを中心に置きつつも、さまざまな局面を飛び交う可能性を示している点で、段階論ではなく位相論の立場を取っています。

# 第2章
# 哀しみがあなたの身体にもたらすこと

厳しい残暑が続いていた。夫がいなくなって半年、1人で過ごす時間は寂しくて、家のテレビはずっとつけっぱなしにしている。看護師の仕事は何とか続けていた。本音を言えば、仕事をしているときが寂しさを一番忘れられたからだ。友人に今の気持ちを話せば、心配されてしまうだろう。それが申し訳なくて、話せないでいた。

## グリーフとモーニング

「今回は大切な人を亡くしたとき、身体に起こることを一緒に考えてみたいと思います。もしこの1カ月で特別なことがあったという人がいらっしゃったら、教えてもらえるでしょうか」

「前回のサロンが終わってから、すごくしんどい1カ月でした。正直、参加しなかった方がよかったのかなって……。サロンが終わった後は眠れなくて、頭痛もひどくなりました。実はその後しばらく、仕事のペースを落としました」

「本当にしんどい1カ月だったのですね……」

「ただ……考えてみると、夫が亡くなってから全然休んでこなかったんです。初めて休暇を取る機会になったので、そこは悪くはなかったのかなと思います」

「休む機会にもなったということなのですね。今日は身体のことを一緒に考えていくので、ゆっくりお話ししましょう」

「私も改めて息子のことを思い出して、すごく揺れる気持ちはありました。でもこれまでの絡まっていた糸が少しほどけていくような感覚があって……。こんな言い方は変かもしれませんが、今日は少し楽しみな気持ちがあります」

「僕は何か始めたいと思う自分と、まだ働きたくない自分の両方がいて、前回のスパイラルで自分がどこにいるのかということの答えが出なくて、モヤモヤした感じがあります」

「私はこの1カ月、働き詰めでした。そうしていないといたたまれなくて……。それとやっぱり、あの社長さんへの怒りや悔しさは時々込み上げてきます」

「智子さん、中村さん、あいさん、率直なお話ありがとうございます。優太さんはいかがでしょうか」

「……俺は今日はパスさせてもらえますか？　でも、皆さんの話は聞きたいんですけど……」

「もちろん大丈夫です。いろいろなお気持ちを抱えながら参加されていることを、心に留めて進めていきますね」

「すみません」

「今回は、身体に起きることを一緒に考えていきましょう。その前に、グリー

グリーフとモーニングのイメージ

フという言葉に加えて『モーニング』という概念をお伝えしておきます。モーニングは、『朝』という意味だと思うかもしれませんが、そのモーニングとはスペルが違います。グリーフが『悲嘆と反応』だとすると、モーニングは『悲嘆と反応が軽減する過程』と考えるといいと思います。専門家の間でも、グリーフとモーニングは同じような意味で使われることがあります。しかし、私はグリーフケアに取り組む上で、この２つは分けたほうがいいと考えています。

イラストの中のいびつな形は苦しみや怒り、星は希望、ハートは愛など、いろいろな想いが存在しています。グリーフは哀しみを抱えながらも、それを誰にも打ち明けられず、1人で抱え込んでいる状態です。それに対してモーニングは、哀しみを抱えながらも、その人らしくその想いが表現できる状態です。安心できる場所で自分の気持ちを感じたり、語ったり、子どもならたくさん遊んだり、叫んだりして表現することもあるかもしれません。これまで何らかの状況の中で、気持ちが吐き出せなかった人もいるのではないでしょうか。ここが皆さんにとって、安心して想いを表現できる場になればと思います」

「私は夫が亡くなったとき、納棺も、通夜も、告別式も、火葬のときですら泣けませんでした……。本当は泣けたら楽になるんだろうなと思ってきたけど、涙がにじむくらいのことはあっても、気持ちを吐き出すことはできないままで。今の話を聞くと、それは私にとって良くなかったんでしょうか……」

「そんなことはありませんよ。菜美さんには、その時何が起きていましたか」

「私は両親も親戚もいないので、誰にも頼ることができなかったし、どうしたらいいかわからなくて……。でも夫が仕事でお世話になった方たちが来ていて、せめて妻として喪主をしっかり務めたいと思っていました……」

「菜美さんはご自分の置かれた状況の中で、ご主人にできることは何かと、誰よりも考えてこられたのですよね。葬儀の間もきっと気持ちが張り詰めて、ゆっくりご主人と向き合う心の余裕も持てないほどだったのではないでしょうか。そんな中、最愛の人の最期のために、できる限りのことをしようとされたのですよね。それは、当時の菜美さんにできる精一杯の状態だったはずです」

「……」

## 哀しみを妨げる４枚のガムテープ

「哀しみを抱えていても、誰にも言えないときがあります。また、言わない選

択をする人もいます。

想いを表現できるか否かには、いろいろな背景が関係します。例えば何らかの事情で、あなたの口にガムテープが貼られたとしましょう。想像するだけで息苦しさを感じるかもしれません。このガムテープには、『環境』『立場』『慣習』『信条』の4種類があります。これらのガムテープは周りから皆さんの口に貼られて苦しくなることもあれば、自らガムテープを貼ってしまうこともあります。1枚目の『環境』というのは、その時その時、その人が置かれている場所や時間帯や周囲の状況のガムテープです。明るいお昼間に、つらかったことを話してと言われてもなかなか話せないかもしれません。葬儀でも、家とは勝手が違うセレモニーホールでは落ち着かないという人もいるでしょう。2枚目は『立場』のガムテープです。例えば自分は長男だから、責任者だからといった理由から、弱音が吐けない人も多いのではないでしょうか。誤解を恐れず言えば、医療や介護の現場で、長く関わってきた患者さんや利用者さんが亡くなったとき、支援者がご家族以上に気持ちが揺れてしまう場合もあります。でも自分は看護師だから、専門職なのだからという気持ちで涙をこらえている人もいると思います。3枚目の『慣習』は、地域や家族のルールというガムテープです。一例を挙げれば、一定の時期に涙を流すと死者に未練が残ると考え、泣かないように促す地域は日本にも海外にも存在します。4枚目の『信条』は、男は黙るべき、かくあるべきといった自分の信念や思い込みのガムテープです。慣習とも似ていますが、宗教的な背景がガムテープになることもあります」

「今思い出すと、私は以前からガムテープを貼られてきた感じがします……。看護師の先輩からも『患者さんが亡くなったとき、あなたがつらいのはわかるけど、大事な人が亡くなって一番つらいのは誰だと思う？　私たち看護師が今すべきことは何？　泣くなら家に帰ってから泣きなさい！』と教育されてきました。それは私の中にしっかり残っている言葉です。自分でもそれは大事なことだと思ってきましたし、今もそう思ってはいます……」

「確かに、支援者が揺らがないことが必要な状況もあると思います。ただそれが、いつでも、どこでもとなると、とても苦しい状況に追い込まれてしまうか

もしれません。このサロンが、自分のガムテープを剥がしてもいい、心のふたを開けてもいいかもしれないと思ってもらえる場になればうれしいです」

「僕も昔からなかなか弱音が吐けなかったんです……。会社ではある程度立場があって、仕事が誇らしかったし、部下への威厳を保つのも大事だと思ってきたので……。だから妻の葬儀が終わった後はすぐに復職して、それまで以上に夜遅くまで仕事にも打ち込んできました。でも徐々にブレーキがかかってしまって……。少し休むつもりがそのまま戻れず、結果、会社を離れることになりました。今も仕事はしていないままで、男として情けないです」

「中村さんも男らしさというガムテープを貼ったまま、頑張って来られたのかもしれませんね」

「男の性《さが》なのですかね……。弱みを見せたくないという意地は今もあります」

「このサロンでは、自分では弱音や泣き言に思えることを言ってもらっても構いませんので、今までと違う中村さんを出すことができたらいいですね。ここで皆さんにもう少し自分の状態を知ってもらうために、グリーフを抱えた心の状態をイメージする別の例を示しましょう。私たちの心をガス風船だと考えると、喪失体験をきっかけに湧き出たいろいろな感情のガスで、心の風船はいっぱいいっぱいになっていると思います。いつ破裂するかもわからない、かなり危うい状況の人もいるかもしれません。自然にガス抜きができたらいいのですが、それができないまま、中にあるものが膨れ上がってきたらどうなるでしょうか」

「それは破裂しますよね……。とても危ない状況だと思います」

「そうですね。別の言い方をすれば、人間の身体というのは食べ物とか、飲み物を取り入れて生きています。でも同時に、尿なり便なりの老廃物を出すことで、生命を保っている。食べ物を身体に入れることができても、出せなければ

便秘になり、とてもつらい状況になります。最悪、死に至ることもある。植物もそうです。二酸化炭素を取り入れるのと同様に、酸素を排出することで生命が維持されている。どちらかの機能が働かなくなれば、途端に死を迎えます。実はこれって、私たちの心も同じではないでしょうか」

「確かに身体で考えるとわかりやすいですね。便秘気味だとスッキリしない感じがずっと続くので不快だし、イライラすることもあると思います。出入りが悪いと最悪の事態になる可能性もありますからね」

「特に大事な人を失えば、心に抱えているのは本当に大きな感情だと思います。それにもかかわらず、その感情や想いを吐き出せないのは、『心の便秘』を起こしている不健全な状態と言えます。中にあるものを出せれば楽になるはずです」

「僕は自分が弱音を吐かない分、妻の意見に耳を傾けてきませんでした。ずっと無理をさせてきたんだなって思います。今さら気がついても、もうあいつは

いないんですよね……」

「そうやって中村さんが気づかれることが、奥さんの死を無駄にされないということではないでしょうか」

「もし私が中村さんの奥様だったら、遺された夫が大事なことに気づいてくれたのはうれしいと思います。私は息子が亡くなったとき、友人から『娘さんがいるからまだよかったじゃない』って言われたことがあります。その時以来、他人にはわかってもらえないんだと強く思うようになりました。もう1人いるとかいないとか、そんな問題じゃない！　もちろん娘がいることは私の心の支えですよ。でも、誰がいようが、あの子を失った悲しみは変わらない……。だからそれからは、周りに話すのがつらくなっちゃったんですよね。せめて、夫とその気持ちを共有できていたら……」

「智子さんは周囲の人に価値観を押し付けられた経験から、気持ちを話すこと

に抵抗を感じるようになられたのですね。一方、話さないことで自分を守ろうとする方もいらっしゃいます。話さないことでこれ以上、ダメージを受けないようにしていると言えるかもしれません」

「そうとも言えるかな……。誰かに話すとろくなことがないと思って……」

「それは必要な態度で、ここまで智子さんにできるベストを選んで来られたんだと思います。ただ、中にある想いを外に出せない状態がこれからも続いていくと、これまで以上に痛みを抱えるかもしれません。気持ちを出さない分、身体にそれが表れることもあります。もし安心できる相手に自分の想いを表現することができれば、もっと心にも身体にも余裕ができるはずです」

## 喪失体験の後、身体に表れること

「妻に対しての反省もありますし、僕自身もいろいろ無理をしてきたように思

います。妻が亡くなった後は、気力がなくなってしまいました。クリニックでうつ病の診断を受けてから長く薬を服用してきましたが、その副作用にも苦しんだので、グリーフの状態やうつとの違いはもう少しはっきり知りたいです」

「私たちには診断することはできませんが、後に大きく影響するので、グリーフとうつの違いや分かれ目は知っておきたいところですね」

「これでも若い頃はトライアスロンなどに挑戦してきて、体力には自信があったんです。妻が亡くなった後、しばらくはがむしゃらに働いて無理がたたったのでしょうね。家の中でほんの1、2分動くだけで息切れしてしまって、目まいがすることも、たびたびありました。急に衰えていく自分を感じて、不安になったことも覚えています。それまでは仕事に忙殺されることで、気持ちを紛らわしていた気がします」

「最愛の人を亡くされたのですから、気づかないところで相当無理をされてい

たのでしょうね。大事な人を亡くすという体験は、言い方を変えると自分の身体の一部を奪われる体験に似ているかもしれません。もちろん、死別と身体を失うことはまったく同じではありません。ただ、そのように捉えることで、ご自身に起きたことに納得できる方もいるはずです。何かの事情で身体の一部を失う、例えば手足を失うのは、どんな感覚だと思われるでしょうか」

「実は先週、右足をくじいてしまったんです。だから説明を聞いていて、何だかしっくりきました。片足が都合悪くなると、ちょっと歩くだけでもすごく体力を奪われるんです。息切れがして、毎日クタクタで、夜は泥のように寝てるのに疲れが取れなくて、何をするにしてもおっくうで、今日は参加するのを迷っていました」

「そんな中、参加してくださっていたのですね。夫婦を例に取れば、これまで夫と妻という2人が、協力して生活を支えてきた。その片方を急に失えばバランスを欠くのは当然ですし、そのゆがみが身体に表れるのも自然なことです。

緊張感や身体の凝りを訴える方もいらっしゃいます」

「私は、夫がいなくなってからはぐっすり眠ることができなくて、睡眠薬を飲みながら生活してきました。身体の一部を失うというのは自分の感覚とも近い気がします。今までの自分とは違ってしまったような感じで、『周りは私をどう見ているのかな？　おかしいと思ってないかな？』って。大事な何かを失った自分はこれからやっていけるんだろうかと、不安で寝つけませんでした……」

「私の場合は不眠ではなく過眠気味で、どれだけ休んでも休まらない状態が続きました。身体のどこかを失えば、将来への不安で眠れないこともあると思うし、疲れすぎて寝ても起きられないという、どちらの状態もある気がします」

「大きなショックを受けた以上、免疫力が低下したり、交感神経が活発になったりということもあります。医学的に説明できることもあると思いますが、ここでは医学的な理解ではなく、今皆さんが話されたように、感覚的にグリーフ

の状態を認めるところから始められたらいいですね。それ以外にも、亡くなった方の病気と同じ部位に違和感を感じる、何を食べても血の味がするとか、ダンボールの味にしか感じられない、ということもあります。心で表現できていない分、身体の弱い部分に反応が表れることは知っておきたいところです」

「さっきも話しましたが、身体を失う体験と聞いて納得したところがあります。でも息子が亡くなったときは、身体の一部どころか全部を根こそぎ奪われて、自分自身がなくなってしまったかのようでした。そばに誰がいるかも、触れているものも味も匂いも、何も感じなくなったし、何もわからなくなって……。あの時、私の心は死んでいたと思います」

「お子さんを失うということは、一部を失うという表現だけでは、とても言い表すことなどできないのですね……」

「でも、こうやって概念を聞いたりお話したりすることで、自分に起きていた

ことを少し客観的に捉えられるようになった気がします」

## グリーフと性差、性交渉

「次に、男女の性差について考えてみましょう。男性と女性では、悲嘆の局面が大きく変わるケースがよく見られます。女性が抑うつ気味になるのに対し、男性は過活動気味になるなどです。しかし、つらすぎて抑うつ気味になるのも、悲しみを仕事や趣味の活動でごまかそうとするのも、安心を求めている点では一緒だと思います。こんな局面だからこそ、相手をおもんぱかる気持ちが持てるといいですね」

「でも、具体的にはどうしたらいいですか。男としては、安心というか……性的なものを求める気持ちもありますよね」

「中村さんは、どうしたらいいと思いますか」

「うーん。別の女性と接点を持つ……のは良くないか」

「いわゆる性的な関係でなくても、触れられる経験は気持ちの安定につながるかもしれません。変な意味ではなく、マッサージのようなもので人のエネルギーに触れる機会は大切だと思います」

「私はマッサージで身体をほぐすのはありだと思います。それから、もし配偶者を失ったということではないなら、そんな時こそ夫婦で話し合うことが大事じゃないかって感じます。私が夫と別れたのはそこだったので……」

「話し合える関係か……。妻との関係を反省することが多いです。でもマッサージはいいかもしれませんね」

「身体を緩めたり、温めたりすることはとても大事だと思いますよ。それから、身近な方を亡くした後、性交渉しても感じられなくなったという相談を受けた

こともあります。先ほどの智子さんのお話を伺ってわかる通り、四肢を根こそぎ奪われたり、自分がなくなったりする体験と考えれば、感覚に変化が出るのは当然ですね」

「確かに感覚が鈍ったり、安心して相手に委ねられなくなったりするのは、わかるような気がします」

「例えばこんな時、女性には何が必要だと思われるでしょうか」

「当時の私はまったくそんなことを考える余裕はなかったのですが、私の知人でお子さんを亡くした方からは、常に誰かに抱きしめてほしかったと聞いたことがあります。彼女は、子どもが亡くなる前より快楽を求める自分をすごく責めていました。でも皆さんの話を聞いて思うのは、やはりグリーフは基本的に病気じゃないし、欲しいのは薬じゃないということですね。できない自分をゆっくり待ってほしいし、性交渉を求める人もそうじゃない人も、安心させてほ

しいという気持ちは同じじゃないかと思います」

## うつ病とグリーフの違い

「もう1つ、聞いていいでしょうか。僕はうつ病と診断されて、薬も服用してきたのですが、ここまでのお話を聞くと、自分のうつ病は本当はどうだったのかなという気持ちになります。うつ病とグリーフの違いをもう少し知りたいです」

「普段のグリーフサロンではここまでお話ししていませんが、うつ病とグリーフの違いは混同しやすいところがあるので、知っておかれてもいいかもしれません。精神科医の方が診断基準としているものの1つに、『DSM－5』という『精神疾患の診断・統計マニュアル』があります。今日はポイントだけお伝えしておきますね」

うつ病の診断基準とされるポイント

1. 抑うつ気分
2. 興味・喜びの著しい減退
3. 著しい体重減少・増加（1カ月で5％以上）あるいは、ほぼ毎日の食欲の減退・増加
4. ほとんど毎日の不眠または睡眠過剰
5. ほとんど毎日の精神運動性の焦燥または制止
6. ほとんど毎日の疲労感または気力の減退
7. ほとんど毎日の無価値観、罪責感
8. 思考力や集中力の減退、または決断困難がほとんど毎日認められる
9. 死についての反復思考

＊大人と子どもの基準は異なる。

※このうち、5つ以上が2週間以上続いて、その中に1か2の症状があることや、本人が苦痛を感じていること、生活に支障を来していること。

「1つ目は、自覚として抑うつ気分が1日中続いている。または絶望を感じる。周りから落ち込んでいるように見えると言われることもあります」

「周りからは落ち込んでいると見られていたと思います。抑うつ気分が1日中か……」

「2つ目は、これまで楽しんでいたことが楽しくなくなったり、そもそも興味がなくなったりすることです。3つ目は、食事療法などをしていないのに、体重の変化が大きい（具体的には1カ月で5％以上）、あるいは食欲がほとんどないことや、反対に大量に食べても満たされないといったことです。4つ目は、ほぼ毎日、よく眠れない。あるいはどれだけ寝ても眠い。5つ目は、ほぼ毎日周りの人から、そわそわしている感じや、反対に何も感じていないような様子に見られるというものです」

「私は寝ても寝ても眠たくて、疲れも取れなくて、何もできなくなった自分を

責めてばかりで……。2、3年の間は、いつもここからいなくなりたい、あの子のところへ行きたいという気持ちでした」

「そうだったのですね。智子さんのお話の通り、6つ目には、ほぼ毎日疲れていて、何事にも気力が湧かないという項目もあります。7つ目は、ほとんど毎日自分をとがめたり、責めたりする思いが強い。8つ目は、物事を考えたり、集中したり、何かを決めるのが困難なことがほとんど毎日続いている。9つ目は、繰り返し死について考えて、死にたいという気持ちがある。実際に、自分が生活する上でつらくて、障りがあると感じていると、病気として診断されるケースが多いようです」

「5つあれば、うつ病の基準に当てはまるのですね。正直言って今の私には全部あります」

「繰り返し申し上げますが、私たちに診断はできませんし、自己診断には気を

つける必要があります。でも皆さんには考える力があります。すべてを医師の診断に委ねるのではなくて、当事者として、こういったことが目安になっていることを知っておくのは大事だと思います。ただ、あいさんが感じられた通り、死別して間もない人の多くがうつ病と酷似する体験をしています。DSM－5においても、医師は相手を見て判断することを求められていますが、実際そこまで見極めて、正確に診断されるケースばかりではないかもしれません」

「うつ病の診断をされる人の中に、グリーフの人もいるということですね」

「そういう懸念はありますね。専門的なところではありますが、グリーフとうつ病を見分けるポイントはいくつかあります。グリーフにも抑うつ気分はありますが、主な感情は空虚感と喪失感です。うつ病は持続的な抑うつ気分が中核症状で、幸せや喜びを期待する気持ちがなくなっていることも多いです。さらに加えるとグリーフの場合は、つらい中でもユーモアの感覚や前向きな気持ちが持てたりします」

「夫がいなくなったことは今も悲しいし、つらいのですが、友達がＬＩＮＥでメッセージをくれると、とても有り難い気持ちになったり、同僚と話をして、笑ったりできる自分もいるんです。そういう意味では、敏さんがいうグリーフなのかなという気がします」

「私のこれまでの経験では、何らかの医療的な介入が必要な方は、感情的にも身体的にも固定した感じでした。一方でグリーフの人は、その感情や身体の状態に自然な揺れ動きを感じます。そのイメージを図にしてみました」

※２０１９年、死別後の長期の不適応反応に関して世界保健機関（ＷＨＯ）の精神科診断基準（ＩＣＤ-11）に、遷延性悲嘆症という診断名が導入された。また、２０２２年にはＤＳＭ-５-ＴＲでも同じ名称の遷延性悲嘆症が採用されたが、内容が一部異なり、現在も診断基準や罹患率などの調査が続けられている。
「遷延」は長引くの意。

人の心や身体の状態

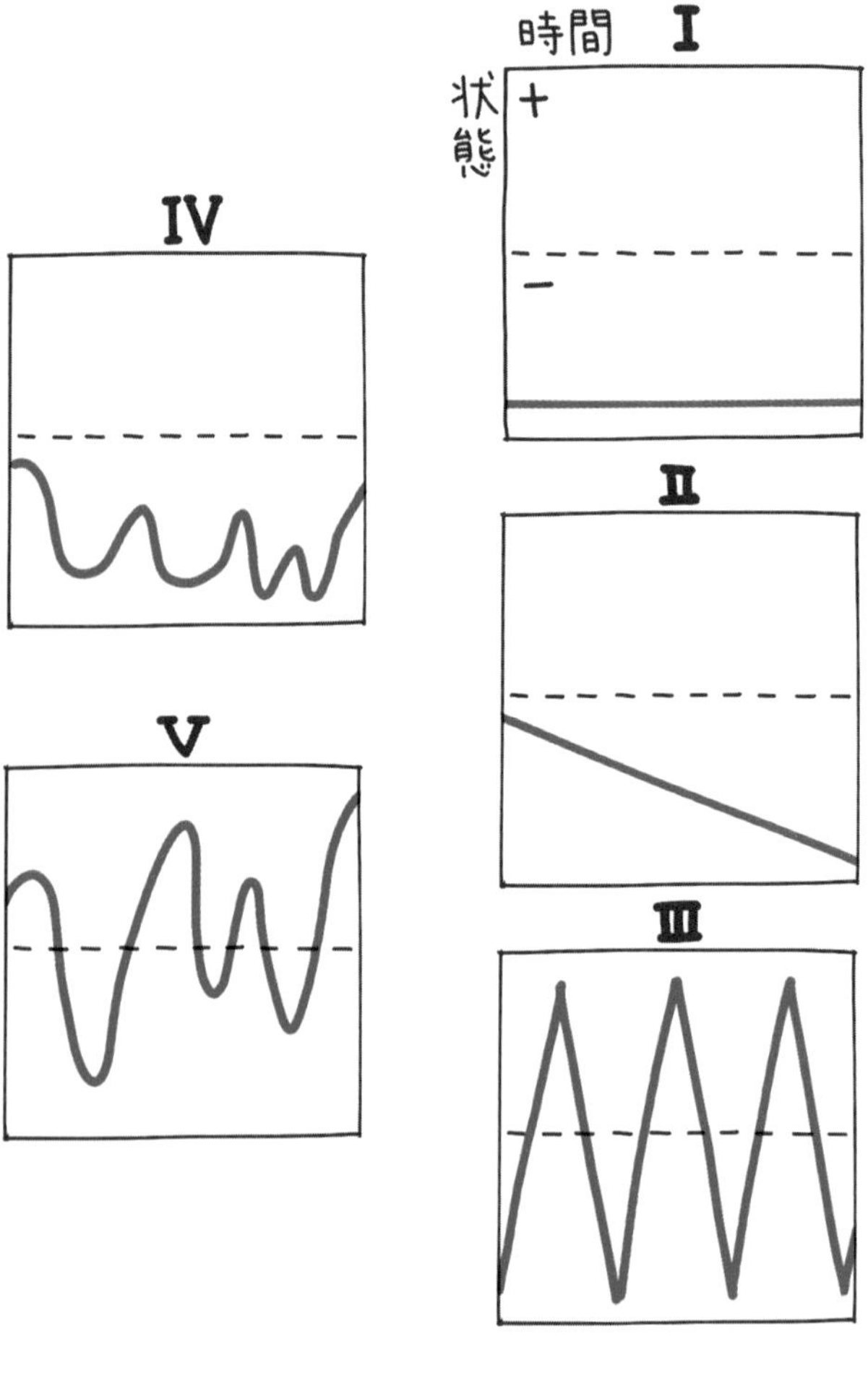

「わかりやすく大まかに表現していますが、縦軸が心と身体の状態、横軸が時間です。ⅠとⅡはうつ病、もしくはそれに準ずるもの。Ⅲは双極性障害といって、いずれも専門家に相談した方がいいケースだと思います。Ⅳはグリーフの状態です」

## あなたはおかしくない

「もう少し具体的に教えてもらえるでしょうか」

「例えばグリーフの状態は、１人になると亡くなった人のことを思い出して、悲しくなったり、時にはあちらの世界に行きたいという気持ちが起きたりすることもあります。一方で、仕事をしているときとか、誰かと一緒にいるときは、悲しみを少し忘れられたり、気が紛れたりすることもあります」

「私は自分がおかしいんじゃないかってずっと悩んできたので、自分の状態は

グリーフなのだと思えたら、少し楽になりますね」

「しつこいようですが、安易な自己診断には気をつけなければいけません。しかし、知識を得て客観的に捉えられるようになったり、オープンに語ったりすることで自分を認められるようになるのも事実です」

「ちなみにⅤはどんな人ですか？」

「Ⅴは一般的な人の心や身体の状態です。調子が良い時もあれば、悪い時もある。とはいえ、Ⅲほど極端ではない状態です。もちろんこれは1つの目安ですから、自分でわからないときは、より専門的な方に相談することも必要です。ただ、状態が固定した感じでなく、ゆるやかな波を保たれているのでしたら、私たちのサロンで語ったり、学んだりすることでもお力になれると思っています」

「こうして気持ちを聞いてもらいながら知識を得ることで、ここまで何とか生きてきた自分を、もっと認められる気がします」

「まずグリーフというのは、必ずしも病院や薬を必要とする状況ではないということを知ってもらいたいです。とはいえ、日々の生活で身の置き所がないと感じるのも事実です。グリーフは、日常とは異なる違和感を感じつつも、病院に行くほどではない。いわば、日常生活と療養生活の間を揺れ動いている状態といえます。家にも会社にも居場所がない。さりとて病院にも行きたくない。そんな時は、保健室のように一時的に休めたり、語り合えたりする談話室の方がより適切です。このグリーフサロンも皆さんにとって、ひとときの居場所になればうれしいです」

「私は看護師なので、自分の精神状態が異常なのか、そうではないのかをエビデンスベースで知っておきたいという気持ちがありました」

「DSM-5では、死別についても、1年以上経っても亡くなった人への『思慕や憧れが続いている』ことや、『深い悲しみや心の苦痛があり、故人や死の状況にとらわれがある』場合、注意するように書かれています。ただ私としては、死の状況によって、何らかの想いに1年以上、思慕や苦痛やとらわれがあっても特別なことではないと感じます」

「僕は自分を病気だと考えたくないし、周りに病気と見られるのもつらいな……。一周忌までは本当にバタバタでした。葬儀はもちろんですが、妻が面倒を見てくれていた両親を施設に預けることになったのが、一番大変で……。他にも相続や保険の手続き、官公庁で書類の受け取り、免許やパスポートの返却、クレジットカードの解約……。自分でもわけがわからないまま1年が過ぎました。娘は離れて暮らしているので、全部1人でしたんですよ。でも一周忌が過ぎると心にぽっかり穴が開くというか、やることもなくなって、無性に寂しくなって……。　1年目は忙しさにごまかされていたのだと思います。だから急にやることがなくなった2年目は一層つらく感じましたし、三回忌が過ぎてもダメで

した……。だから1年くらいで医者に自分の状態をわかったように言われたのは、今思うと納得いかないな……」

「本当に大変な時期だったと思います。奥さんを亡くされた傷を抱えながら、それだけのことを1人でされたのですから。何らかの診断が下されて助かる人がいる一方で、こういった診断のみで考えるのは怖いところもあります。私たちグリーフ専門士は自分たちが関われる限界をわきまえつつ、グリーフが自然な状態と信じてグリーフサロンの運営を続け、啓蒙活動をしていきたいです」

「グリーフを理解してくれる人たちが増えていくのは有り難いですね」

「無理のない範囲で、一緒に今できることをしていきましょう。今回も皆さんに、次のサロンまでのワークを1つ提案します。今回はロスラインといって、これまでの喪失体験を年表のような形で書いてみるというものです。喪失体験を書くというのは、皆さんにとってつらい時間になる可能性があります。しか

し、これまで目を背けてきたことに丁寧に触れることで、過去と現在のつながりに気づくことがあります。それによって、自分が人生で何を失ったのかがわかり、これからのために今、何を取り戻せばいいのかを知ることができると思います」

「……それをするのは少し怖いです。もし気づいていないものを、いろいろ思い出したら……」

「もちろんパスの権利があることは、重ねてお伝えしておきます。かなり気持ちが揺らぐ可能性がありますし、今は適切ではないという場合もあります。いずれにしても次回まで時間があります。あまり早い段階で書くと不安になる方もいるかもしれませんので、次のサロンの日に書いてみるのも1つの方法です。来月、私は早めにオンラインサロンを開きますので、1人で進めず、よろしければ当日30分くらい前から一緒にやってみませんか。もし気持ちが落ち着かなくなったら、前回お伝えしたバタフライハグを引き続きしてみてください。皆

さんの心と身体がもっと楽になりますように」

## あいのつぶやき

2回目のサロンが終わったが、まだ気持ちが揺れている。それでも適度な波がある自分は病気ではないと知ることができたのは、一番の収穫だった。ただ、ロスラインを書き出す勇気はもうしばらく持てそうにない。今回気になったのは、一言も語らなかった優太さんと、途中で言葉を失った菜美さんだった。実は先日、菜美さんをたまたまフェイスブックで見つけた。共通の友人がいて、「知り合いかも」と表示されたからだ。プロフィールから、彼女は私と同じ大学出身で、共通の知人も何人かいるとわかった。私と同じように夫を亡くした彼女はとても気になる存在になっていたが、友達申請をすることには躊躇していた。そんな時、菜美さんの方からメッセージが届いた。少し驚いたが、ちょうど私も菜美さんを見つけたこと、そして同じ大学の出身であることだけ、彼女に伝えた。

## 2章のまとめ

●自分で貼っている（貼られている）哀しみを妨げるガムテープが何かを意識する。

●グリーフは必ずしも病気ではなく、身体の一部（あるいは大部分）を失ったときの反応に近いと理解する。

●喪失体験後の状態や態度は、自分や周りを守るためのベストなものだったと認める。

●グリーフは哀しみを抱えながらも周りの状況によって波打つこともある、自然な反応である。

●安易な自己診断には注意しつつ、早計にうつ病とは捉えず、安心して語れる場や相手を探してみる。

## 【ワーク】失くしたものを確認する（ロスライン）

このワークは自分のこれまでの悲しみを認め、そして手放すためのものです。

悲嘆を抱えた方の中には、自分に大きな悲嘆があること自体を認識していない方が少なくありません。強い緊張感から涙を流す余裕もなかったり、周りからその体験を悲嘆であると認められなかったりしたことが関係しているかもしれません。もしくは、つらすぎる出来事を無意識に忘れようとしている可能性もあります。

出来事をポジティブに捉えることも大切ですが、ネガティブな心にふたをしたままだと、気持ちを表現できない分、身体に表れる場合があります。哀しみに折り合いをつけるために、痛みをごまかさず、つらかった気持ちを認めることが大切です。ただし、トラウマ体験を不用意に扱うことは危険なので、怖さを感じる方は、このワークを無理して行わず、心理職のサポートを求めることが大切です。

ロスラインは、これまでの人生で失ったものを書き出すものです。死別に限らずに離別体験、転職、引っ越し、病気、友人関係で感じたことなど、今の年齢になるまでに体験したことを書き出します。

これまでの喪失体験を書き出してみることで、現在感じている悲嘆との深い関係に気づくことがあります。それらは痛みの理由に気づき、自分自身を認めるきっかけになるでしょう。

紙の使い方は自由ですが、0歳から現在の年齢までを記入し、その年齢毎に経験した喪失体験を書いていくのが1つの方法です。言葉で表現できない方は、絵で表しても大丈夫です。可能であれば、その時に生じた気持ちと現在の影響も記入します。喪失に焦点を当てることで、困難な中で自分が頑張ってきた姿や、自分が繰り返しているパターンに気づくことができます。

書けない、あるいは書きたくないという場合は、その気持ちを大切にしてパスをしましょう。本書はワークができない人がいる前提で進んでいきますので、ご安心ください。

## 【コラム】うつ病とグリーフの比較

ここでは、誤解されやすいうつ病とグリーフの状態の違いを見立てるポイントを整理しました。

うつ病とグリーフは、いずれの場合も抑うつ気分をはじめ、近似した状態を確認することができますが、若干異なる特徴があります。安易な自己診断の危険性を忘れず、不安な場合は信頼できる専門家へ相談することは重要ですが、自分の状態をある程度客観的に捉えられることは、生きる上で力になります。

うつ病

| | |
|---|---|
| 感情 | 落ち込み、不安、易《い》怒《ど》性《せい》などが強い一方で、感情が涌かないこともある |
| 思考 | 自己批判的で、物事を悲観的に考えることが多い |
| 気分 | 持続的な抑うつ気分が存在する（特定の考えや関心事に起因しない） |
| 自意識 | 無価値感と自己嫌悪の意識が強い |
| 喜び | 幸福や喜びを期待する能力を喪失し、広範な不幸やみじめさがある |

| | |
|---|---|
| 死向性 | 生きるに値しないという思いや抑うつの苦痛から死を望む |

グリーフ

| | |
|---|---|
| 感情 | 空虚感や喪失感が主要な感情である |
| 思考 | 故人についての考えや思い出に没頭する |
| 気分 | 不快な気分は時間とともに弱まるが、悲嘆の苦痛は波のように生じる（故人を想起させるものに起因する） |
| 自意識 | 故人と向き合ってこなかった自分を責めることもあるが、自己評価は保たれる |
| 喜び | 喜びやユーモアを感じることができる |
| 死向性 | 故人に会いたいという気持ちから死を望む |

※DSM-5およびDSM-5-TRを参考に著者が作成。
※「死向性」は死に対する態度を意味する、著者による造語。
※グリーフの場合、故人のエピソードなどに関連して笑ったり、泣いたり、怒ったりなどの心理反応が生じるが、抑うつの場合、特定の考えや出来事と心理反応が結びつく割合は低い。

# 第3章
# 哀しみがあなたの周囲にもたらすこと

当日まで喪失体験の書き出しが不安だった私は、敏さんが提案した30分前にサロンのページを開いた。そこに顔を出したのは菜美さんと私の2人だった。私は机に向かい、自分のこれまでを振り返ってみた。

7歳　両親が離婚し、母の実家に引越しをした（自分が無力に感じた）
友達にきちんとお別れができないまま、転校する（安心できる友達をなくした）
大好きだったピアノのレッスンをあきらめた（好きなことをしてはいけないと思った）
16歳　同級生からいじめを受けた（半年間、心配をかけたくなくて誰にも言えず、苦しんだ）
17歳　部活の顧問に嫌がらせされた（年上の男性が苦手になった）
19歳　半年間学校に行けなくて、看護学校での学生生活が1年遅れることになった（挫折を感じた）
24歳　祖母が亡くなった（安心できる拠り所をなくした）
28歳　職場の方針に納得できず、勤め先の病院を代えた（自分が無力に感じた）

母と離れ、１人で暮らすようになった（母を置き去りにした気がした）
36歳　夫を亡くした（最も信頼できる存在をなくした）

なかなか書き進められないロスラインと向き合いながら、涙がにじみ出た……。ペンを置くと急に寒気を感じた私は、昨日衣替えで出したばかりのセーターに袖を通した。誰かにそばにいてほしかった私にとって、パソコンの画面に見える菜美さんと敏さんの姿は有り難かった。サロンが始まる時間になり、いつものメンバーがそろい、それぞれロスラインを書き出したことで、何を感じたのかを話した。ワークを行って感じたことのシェアは、中村さん、智子さんと続いたが、菜美さんと優太さんはパスをした。

## 誰かの役に立たないと生きていてはいけない

「菜美さんと優太さんが、『言いたくない』『今は話したくない』という自分の気持ちを優先できたのは、とても大切なことだと思います。このワークで大事

にしたいのは、シェアすること以上に、今の気持ちをきちんと感じることだからです。また、このワークのような提案をすると、感情を抑えながら、淡々と出来事だけ言う人もいます。確かにつらい気持ちを感じないことは、自分を守るために必要なことともいえます。一方で、嫌だったことや苦しかったことをずっとなかったことにしてしまうと、感じる力自体が弱くなることがあります。**つらい気持ちを感じるのは一時的には苦しいですが、それをすることで、今より幸せを感じる力も高められるでしょう。**このことは、これから1人ひとりのテーマとして、心の隅に置いておいてもらえたらと思います。パスをしても、もし途中からでも話したいという気持ちになったら、いつでも話してくださいね」

「ワーク自体が正直とてもつらかったので、私は当日を選んで正解だったように思います。書いてみて気がついたことがありました。私が看護師になったのは、看護師をしていた叔母の影響だと思っていたのですが、本当はそうではなかったなって。父がいなくなったとき、私は父と母をつなぎとめる存在にはなれなかったんだって思っていたんですね。自分がいても両親が一緒にいる力に

郵 便 は が き

料金受取人払郵便

豊島局承認

4482

差出有効期間
2025年10月
31日まで

●上記期限まで
切手不要です。

170-8790

333

東京都豊島区高田3-10-11

# 自由国民社

愛読者カード 係 行

| | | | | |
|---|---|---|---|---|
| 住所 | 〒□□□-□□□□ 都道府県 市郡(区) | | | |
| | アパート・マンション等、名称・部屋番号もお書きください。 | | | |
| 氏名 | フリガナ | 電話 | 市外局番 市内局番 番号 ( ) | |
| | | 年齢 | 歳 | |
| E-mail | | | | |

どちらでお求めいただけましたか？

書店名（ ）

インターネット 1．アマゾン 2．楽天 3．bookfan
4．自由国民社ホームページから
5．その他（ ）

ご記入いただいたご住所等の個人情報は、自由国民社からの各種ご案内・連絡・お知らせにのみ利用いたします。いかなる第三者に個人情報を提供することはございません。

**『大切な人を亡くしたあなたに知っておいてほしい5つのこと』を**
**ご購読いただき、誠にありがとうございます。**
**皆さまのお声をお寄せいただけたら幸いです。**

●本書をどのようにしてお知りになりましたか。

□新聞広告で（紙名：　　　　　　　　　　　　　　　　新聞）
□書店で実物を見て（書店名：　　　　　　　　　　　　　　）
□インターネット・SNSで（サイト名等：　　　　　　　　　　）
□人にすすめられて
□その他（　　　　　　　　　　　　　　　　　　　　　　　）

●本書のご感想をお聞かせください。

※お客様のコメントを新聞広告等で紹介してもよろしいでしょうか？
（お名前は掲載いたしません）　□はい　□いいえ

ご協力いただき、誠にありがとうございました。
お客様の個人情報ならびにご意見・ご感想を、
許可なく編集・営業資料以外に使用することはございません。

はならないんだって。そして、父には捨てられた感覚がありました。その時から、誰かの役に立たないと私は生きていてはいけないのだという重荷を背負った気がします。母の姿を見ながら、女性も手に職をつけないといけないと感じるようになったことも思い出しました。小学生のとき、叔母が病院で働く姿が魅力的に映ったことは事実です。でも、父との別れがあってから、男の人を信じられない気持ちがずっとありました。母は父がいなくなってからよくお酒を飲むようになったので、私は男の人にもお酒にも頼りたくないと思うようになって、夫と出会うまで、お付き合いをする人もいなかったんです。誰にも頼らないで生きていこう、仕事に生きようと思って働いてきました。だから彼は、私が初めて心を開いた男性だったんだって……」

「あいさんがここまで頑張って生きてらしたのは、自分がつなぎとめられなかったと感じたご両親の影響も大きいのですね……。皆さんにとって、今回もとても深い所に触れるワークだったと思います。話された方もそうでない方も、こうして向き合うことで何かを感じて、何かを理解されたのではないでしょう

か。今日のテーマに移る前に、いろいろなつらい経験をしながらも、ずっと頑張ってきた自分を抱きしめてあげましょう。その場で、目を閉じられる人は閉じて、目を閉じるのが怖い人は開けたままで構いません。1人ひとり自分を抱きしめて、呼吸に意識を向けます。『ここまで本当によく頑張ってきたね』と自分に声をかけてあげてください。自分のペースで呼吸をして、少し気持ちが落ち着いたら目を開けましょう」

「フー……」

「グリーフを抱えている方は、哀しみを奥底に秘めたまま、それに気づかない人もいます。その秘めてきたグリーフが、今の自分の生活や態度、ライフスタイル（考え方の傾向や生きる方向）に大きく影響している場合があります。そのために生きづらさを抱えているかもしれません。しかし、このサロンのプログラムをきっかけに、必ず良い方向に向かっていきますから、安心してください」

「私が看護師になった本当の理由は、直接誰かの役に立てているという実感が欲しかったからかもしれません。父がいなくなってから、誰かの役に立つ自分じゃないと、生きていてはいけないのだという気持ちが常にどこかにあって、それをちゃんと認めてほしかったのだと思います」

「あいさんが看護師という道を選ばれた本当の理由に気づかれたのですね。死別に限らず、大切な何かを失うと、自分の活動や考え方、選ぶ職業にも大きな変化が起こります。グリーフは、感情的な揺れ動きや身体的な変化もさることながら、今お話しされた仕事や人間関係などにも影響が出ます。それらもとても重要なテーマなので、今回はグリーフの周囲への影響について、話し合っていきましょう。皆さんの中で、社会的な側面、例えば日常生活や周囲の人たちとの関係性で変わったなと感じられることはありますか？」

## あの人の遺した物が捨てられない

「僕は妻が遺した物を捨てられないんです。そのうちに手がつけられなくなって、恥ずかしながら、ゴミ屋敷みたいに家の中がぐちゃぐちゃで……。これじゃダメだと思って、ハウスクリーニングをしてもらったこともあるんですが、妻の物はどうしても触らせたくなかった。何だか大事なものがなくなる気がして……。おかしいと思われるかもしれませんが、部屋がきれいすぎると寂しくて、汚い方が不思議と安心できるんですよ」

「仮に人からは汚いように見えたとしても、愛してこられた方を感じ取れる何かを手放すことができないのは、当然のことだと思います。今のお話を伺っても、社会的な問題として取り上げられる『ゴミ屋敷』というのは、もしかしたらグリーフがきっかけの方もいるかもしれませんね」

「本を1冊棚から出しても、元に戻す気力がないんです。だから本は積み上がるばかりで……。新聞とか雑誌とかを手にしても片付ける力が出ないし、後で捨てようと思ってもどんどん量が多くなっていくので、どうにもならないんですよ。妻がいた頃は、よく友達を夕食に呼んだりしていたのですが、こんな状態では誰も呼べません。それと、未だに妻がいるような気がして、台所をふと見てしまうことがあります。いないはずの彼女を探してしまうんです。やっぱり私の何でもない話を聞いてくれたり、近くで一緒に笑ってくれたりした妻がいないのはつらいですよ。家には妻がいた証がたくさんあって……。僕は未練がましいのでしょうか？　仕事では『気持ちを切り替えろ！』『新しい考え方を取り入れろ！』と、部下にいつも偉そうに言ってきたんですが、自分のことになるとダメですね……」

「中村さんがそれほど愛してこられた方が亡くなられたのですから、ダメなんてことはありませんよ。他人にどう思われようが、大事な物を手放せないのは当然のことだと思います」

「……奥様を本当に愛されていたんだなって、感じました」

「ありがとうございます。こうして聞いていただけると救われます」

「大切な人を失うということは、自分自身を失ってしまう体験という話がありましたが、身体の一部を喪失したと考えると、ほんのわずかな移動でさえおっくうになります。自分が変になっているのではと思えば、誰かに会うのが怖い気持ちにもなるかもしれません。引っ越しや転職をされる方の中には、死別後、経済的に追い込まれてという人もいますが、それ以外にも、自分の今の姿を知り合いに見られたくないという理由で、引越しをする方、職場を去る方もいます。他の方で、人間関係が変わったという方はいらっしゃいますか」

「近所のスーパーに行く途中に、息子が通うはずだった中学校があります。中学生が歩いているのを見ると、息子を探すような気持ちにもなったし、息子が元気だったらあの子くらいかなって、いつも寂しく眺めていました。一時は子

どもたちが多い場所や、息子とよく訪れた場所を避けることもありました。当時のママ友など、それまでの関係を随分と失いましたね」

「亡くなった息子さんを思い出すような場所に行けなくなることや、これまでの人間関係が大きく変わることはおつらかったと思います」

## 周囲を信じることができない

「私は……今でも職場で、同僚の言葉にすごく腹が立ちます。仕事が忙しいとか、給料が安いとか、利用者が嫌な人だとか、そんなことどうでもいいじゃない。何を言ってるの？　バカじゃないの？　って。だって、そうじゃないですか。死ぬことと比べたら、そんなこと……。こんな風に思っている自分もバカだと思うし、すごく嫌いですが、どうすることもできなくて……」

「菜美さん、正直に話してくださりありがとうございます。菜美さんが大きな

出来事を経験されたからこそ、そう感じられるのですね」

「さっき、『バカじゃないの？』って言いましたが、職場で実際に口に出してはいません。これでも日頃は、穏やかにしようと努力しているつもりです。でも、やっぱり周りの人が信じられないというか、彼らと仲良くしようという気持ちにはなれないんです」

「僕も、菜美さんの気持ちと近いものがあったかもしれません。周りに迷惑をかけまいと、自分なりに努力はしているんです。でも、自分の家庭の文句を言っている人を見ると、お前だって家族をなくすときが来るのに、何言ってるんだって気持ちになる。飲み会に誘われても、どうせ僕の気持ちは誰にもわかんないんだと思うと、一緒にいても楽しくないし、一緒にいたくもない……。周りの言葉が妙に薄っぺらく聞こえて、友人が隣にいてもいつも距離があるというか、僕だけ別の空間にいるようでした。だから家にも職場にも自分の居場所がありませんでしたね。こんな気持ちを引きずる人って多いのかな……。つら

さが長引く人と、そうではない人がいるような気がします。何か違いはあるんでしょうか」

## 悲嘆が長くなったり強くなったりする理由

「つらい経験をすれば、周りの人たちを薄っぺらく感じてしまうことはあるでしょうね。ご質問にあった、悲嘆の長さや強さの影響にはいろいろなことが考えられます。専門的には７つのポイントがあります。１つ目は誰が亡くなったか、２つ目は死因、３つ目は故人との愛着関係、４つ目は過去の喪失体験や既往歴、５つ目は本人の能力や気質、６つ目は周囲のサポート、最後が喪失の後の二次的な影響です。１つひとつ絡み合ってのことですが、悲嘆が複雑になる典型的な例は、故人に対してアンビバレント（愛憎葛藤的）だったにもかかわらず、周りにその思いを吐き出せないタイプです。アンビバレントというのは同じ人や物に対して、異なる想いを抱いていることをいいます。具体的には、『好きだけど嫌い』『離れたいけど離れられない』『許したいけど許せない』と

いった、同じ対象に相反する感情を同時に持っている場合です」

「アンビバレントだと、どうなるのでしょうか」

「幼少期からの親との関わりにより、アンビバレントな感情を抱えていると、悲嘆が長引いたり、重くなったりする可能性があります。つらい経験から怒りがある一方で、何もしてあげられなかったという想いも残り、自分でもどのように気持ちを整理したらいいのか、わからなくなるかもしれません。もう１つ取り上げると、過去の喪失体験も悲嘆を複雑にします。例えば、ここに器があるとします。この器には衝撃が加えられ、ひびが入っています。そこにもう１つ新たな衝撃が加われば、どうなると思いますか」

「もろくなっているので、割れてしまうと思います」

「そうですね。人の心も同様で、例えば職場でパワハラを受ければ、自尊心が

傷つけられてしまいます。そんな場合、心がすでにもろくなっている可能性があり、そこに死別という痛みが重なれば、グリーフはより深刻になるかもしれません。心にひびがある人は、ささいなことを注意されただけでも、すごく感情的になることがあります。例えば、食卓での何気ない会話で、『今日は少し味が薄いね』と伝えただけなのに、『そんなこと言うなら、自分で作ればいいじゃない！　もう二度と作らない‼』という展開になります。ひびがなければ、『じゃあ、少し塩をかけてみようか？』で済むのに、傷ついた体験が癒やされていないと、ちょっとした非難にも過剰に反応してしまいがちです」

「職場での喪失経験というと、いじめみたいなことも関係するのでしょうか？」

## 幼いときのあなたに今のあなたができること

「いじめられた体験が傷やひびになっている可能性は十分あると思います。自尊心がすでに大きな損傷を受けていて、ちょっとした打撃でも壊れやすくなっ

ているかもしれませんね。もちろん壊れてもつなぎ合わせることはできますし、私たちはそれを信じているのですが、粉々になればやはり修復に時間がかかるのは予測できますよね」

「……私はまさにもろくなっていて、ちょっとした言葉で反応しているんだと思います」

「菜美さん、もしそうだとしても、少しずつ落ち着いていきますから安心してください。今日は、傷ついた自分自身を癒やすために、一緒に取り組みたいワークを紹介します。それがミラーワークというものです。いろいろな経験の中で傷を負った幼いときのあなた（当時のあなた）に向けて、幼い頃からあなたを見守り、応援してきた存在として、言葉を伝えます。このワークでは鏡を用意してください。鏡がなければ、携帯電話のカメラ機能を反転させてもＯＫです。そこに映った自分に、さらには幼い頃の自分に伝えたい言葉は何でしょうか。『ごめんね』と謝ってもいいし、『ありがとう』と感謝を伝えてもいいでし

ょう。『本当に頑張ってきたね、大好きだよ』と勇気づけるのもいいと思います。じっくり考えてみたい人は、伝えたい言葉を手紙にするのもいい方法です」

「私は親にそんな優しい言葉をかけられたこともなく、ここまで生きてきました。私って価値がないのかなっていつも思ってきました。とっても悲しくて淋しかったのに、いつも周りにばかり気を遣って、自分自身をないがしろにしていたというか、すごく雑に自分を扱っていた気がします……」

「菜美さん、大切なことに気づかれましたね。これからはもっと自分に対して、丁寧に優しくしてあげられるといいですね。鏡に映った自分に直接語りかける方法は、とてもお勧めです。ただこのワークも、すごく気持ちが揺れる場合があることはお伝えしておきます。これまで優しい言葉を投げかけられたことがないと思っている人や、言われ慣れていない人の場合、最初は受け入れ難く感じることがあります。でも少しずつ慣れてきますし、落ち着いてきます。鏡に映る自分に言葉を投げかけるのでも、手紙を書くのでも、自分がやりやすい方

法を選択してください。皆さんの心と身体がもっと楽になりますように」

## あいのつぶやき

「周りに気を遣いすぎて、自分を雑に扱っていた」という菜美さんの最後の言葉が耳から離れなかった。私は今晩中に、『幼いときの私』に手紙を書くことにした。1日も早く書いてあげたかった。

あいちゃんへ

あいちゃん、少しだけ私のお話を聞いてくれるかな。

お父さんがいなくなって、どんなに寂しいだろうね。お母さんとお父さんがけんかをしないように、あいちゃんはいつも2人の前で一所懸命に笑っていたのに、お父さんがいなくなったときは本当に悲しかったよね。

『私はいらない子だったんじゃないか』『頑張りが足りなかったのかも？』『自分は

いい子じゃなかったからお父さんはいなくなったんだ！』と、ずっと自分を責めていたよね。

お母さんに苦労をかけたくないと、通いたかったピアノ教室をあきらめたことも知ってるよ。でも本当はピアノを習いたかったよね。忙しくて家のことを満足にできないお母さんに代わって、あなたが頑張ってきたのも知ってるよ。友達と大げんかしたとき、その子のお母さんから、「あの子は片親だからもう付き合うな」と言われたと後で聞いて、本当に悔しかったね。

自分を捨てたお父さんを思うと、男の人が信じられなくて、好きな子ができても、他の子のように思い切って告白なんてできなかった。みんながバレンタインデーにお父さんや好きな男の子にチョコレートを作る姿がうらやましくて、その場に一緒にいても、楽しそうに笑っていても、心の中はいつもひとりぼっちだった。

ずっと寂しい思いをさせてきてごめんね。ひとりぼっちにさせたままだったこと、本当にごめんね……。長い間1人で頑張ってきてくれて、心から感謝してる。これからはずっと一緒だからね。もう誰のためにも我慢しなくていいし、自分の生きたいように、思うままの人生を生きていいよ。あなたは幸せになれる。あいちゃん、私はずっとそばにいるよ。

## 3章のまとめ

●哀しみを抱えると、自己肯定感が揺らぐことがある。
●死別後は物が捨てられない、人が信じられないといった反応もある。
●悲嘆の強さや長さは、対象、死因、関係性、過去の喪失体験などにも影響される。
●アンビバレント（愛憎葛藤的）な対象が亡くなった場合、複雑な悲嘆になる可能性がある。
●複雑な悲嘆であっても、自分の本当の想いと向き合うことで変わっていける。

**【ワーク】鏡の中の自分を抱きしめる（ミラーワーク）**

1人で落ち着ける環境を作りましょう。用意ができたら椅子に座り、ゆっくりと深呼吸をします。目を閉じて（目を閉じると怖い方は開けたままでも結構です）、目の前に、幼いときの自分の姿を想像します。うまくイメージできなくても、何となく感じられれば十分です。そこには寂しそうにしているあなたがいます。あなたはその子に何があったかを、誰よりもよく知っています。その子が耐えてきたことや、頑張ってきたこともわかっています。あなたはその子をよく知る一番のサポーターとして、その存在を見守っています。

さあ、あなたはその子にどんな言葉をかけてあげたいですか。何をしてあげたいでしょうか。３つの中から、一番しっくりくる方法を選んでください。

１つ目は、その子に伝えたい思いを手紙にしたためます。書いた手紙は大事にしまっておきましょう。

２つ目は、鏡に向かい、今のあなたに向かって、あるいは幼いときのあなたに向かって、「頑張ってきたね」「大丈夫だよ」「ずっと見守ってるよ」といった言葉を優しくかけます。

３つ目は、イメージの中でその子に近づいて、優しく抱きしめてあげましょう。「あなた」が安心できるまでゆっくり時間をかけ、丁寧に接してあげてください。安心してもらえたと感じられたら、「いつでも一緒だよ」と伝えて、ゆっくり目を開けましょう。

## 【コラム】課題モデル

アメリカ心理学会の研究者、ウォーデン・J・ウィリアムは、大切な人を亡くした人が、悲嘆の解決のために取り組むべき4つの課題があると言いました（2008／2018）。その課題とは、(1)喪失の現実を受け入れること（その体験をなかったことにせずに認める）、(2)悲嘆の苦痛を消化すること（その痛みを味わうことで手放す）、(3)故人のいない環境に適応すること（少しずつ大切な人がいなくなった生活に慣れていく）、(4)故人を思い出す方法を見出し、残りの人生の旅路に踏み出すこと（亡くなった方との関係を捉え直し、新しい生活を続ける）の4つです。

ウォーデンは、これらの課題を達成したときに喪失に適応し、悲しみに区切りがつくのであり、「故人を苦痛なく思い浮かべることができる」とき、悲嘆が終結するとしています。

# 第4章
# 哀しみがあなたの精神にもたらすこと

夫が亡くなってから、久しぶりに山に登った。登っている間は疲れのせいか、これまでのことを忘れることができる。紅葉が美しい。自然がきれいだと感じるなんて何年ぶりだろう。夫が病に倒れてから、私はいつの間にか生活の中から色を失った。さまざまなものを見てはいた。でも、それを感じる余裕が心になかったのだと思う。

山登りに誘ってくれたのは、中学、高校時代をともに過ごした友人だった。大学に入ってからは連絡が途絶えていたが、20年近くの時を経てフェイスブックでつながった。彼女には私の夫のことは何も話していない。彼女から聞こうとすることもなかった。そんな関係が心地よかった。私たちはたわいのない時間を一緒に過ごした。悲しみに押しつぶされそうになり、1日1日を過ごすのがやっとだった私にとって、山を歩く疲れと友人とのおしゃべりは、久しぶりに痛みを忘れさせてくれた。

## 見えない世界との付き合い方

「今日は、目に見えない世界についてのお話をしましょう。精神への影響というのは、『自分はどうして生まれてきたんだろう』とか、『どうしてあの人だけ

死ななければならなかったのか』といった、『実存』に関わる影響です。『あの人は今どこにいるの？』という目に見えない世界や存在をおもんぱかる、『霊性』に関わる影響でもあります。

「息子が亡くなったとき、なんであんないい子が死んじゃったんだろう、神も仏もないって思って、実は当時信じていた宗教があったんですが、信仰心が薄れてしまいました。世の中には、人を殺したりだましたり、悪事の限りを尽くしても、まだ生きている人がいる。それなのに私のかわいいあの子はもうこの世にいない……。なんて理不尽なんだろうと苦しみました。中には日頃の行いとか、カルマのせいだと言う人もいて、殺意を覚えたことすらあります。こういう教義って、弱っている人にはすごく残酷だなって感じて、何もかも信じられなくなりました……」

「哀しんでいる気持ちに配慮なく、信仰を押し付けるようなものは不適切だと感じます。例え信仰心があっても、本当の意味で冷静に教えを受け止められる

状態ではない可能性があるからです。グリーフケアの立場からは、宗教が亡くなった大切な人たちは苦しんでいるのではないと教えてくれるものであってほしいですし、お金や人間関係などを気にすることなく、安らぎが得られるものであってほしいなと思います」

「いろいろ嫌な思いをしてからは、宗教というよりも、もっと自由なスピリチュアルな世界の中に安らぎを感じて、精神世界の本を読むようになりました。ちなみに、グリーフケアとスピリチュアルケアとはどう違うのでしょうか」

「私はグリーフケアとスピリチュアルケアは、深い意味では同じだと思っています。そもそも今日だって、私も皆さんも亡くなられた方々に思いをはせて、目に見えない存在と向き合っていますよね。スピリチュアルケアという言葉も定義はいろいろあるので、一言でお伝えすることはできませんが、死にたいという気持ちと向き合うことや、自分や亡くなった方の生の意味を考えることも、スピリチュアルケアの大きなテーマだと思います。人は死別を通して、人生を

より深く考えるようになります。私たち専門士は、皆さんとともに悩んだり考えたりして、答えの出ないさまざまな想いに同行していきたいと思っています」

「答えがない世界なんですね……」

「そうですね。人生について、たった1つの絶対的な答えはないのかもしれません。私はグリーフケアの根幹に、個人心理学の創始者であるアルフレッド・アドラーを据えています。アドラーは、『誰にでも当てはまるような人生の意味などない。人生の意味とは、自分が自分の人生に与えるものだ』と言っています」

「きっと、自分なりの答えを探し続けることが大事なんですね。スピリチュアルといえば、私は夢でうなされることがあります。よく、夢はスピリチュアルなものだって聞くんですけど……」

「夢は大切な何かを働きかけているのかもしれません」

「私も、良いことでも悪いことでも夢に出てくるものは、何かを知らせるサインじゃないかって思うんです」

「何らかのサインなのかもしれませんね。見た夢を日記に書いていくと、智子さんのこれからに役立つこともあるかもしれません。ただ、1人でどうしても整理がつかないときは、専門性の高い人のサポートを求めるのもいいですね。もちろんその意味を決めるのは、智子さん自身です」

「あの子が亡くなってから、人生で本当に大事なことを教えてもらっている気がします。このところ立て続けに、亡くなった息子や愛犬が夢に出てきて、何かを訴えてくるんです。すぐ忘れてしまうので、メモを取ればよかったといつも後悔していて……。でも、日記はつけてみようかな。大げさかもしれませんが、最近は自分にしかできない役割があるように思うこともあります」

「スピリチュアルの概念では、役割や使命は誰かに決められるものではなく、自分自身が生まれる前に決めてきたもので、今はそれを忘れているだけと捉えるようです。いずれにしても自分がより生きやすい死生観を持てるといいですね」

## あの人はどこにいるの

「僕がつい考えてしまうのは、『妻は今、どこにいるんだろう』ということです。気がつくと妻を探している自分がいて。敏さん、妻は一体どこにいるんですかね……」

「知りたいですよね。中村さんはどう感じていらっしゃいますか」

「……妻は……あいつは……、多分、近くにいるのだと思います」

「……きっと中村さんが感じていらっしゃる通りではないでしょうか」

「でも、そう思ったら悪いことはできませんね」

「そうですね（笑）。ただ、誰にでも言えることですが、これまでにもそういった後ろめたいことは、大なり小なりあったのではないでしょうか。それでも奥さんは、最終的には許してくださっていたのですよね」

「確かにそうですね。妻が亡くなってからずっと自分は楽しんじゃいけないと思ってきたから、お酒はやめていたんです。でも、今日は久しぶりに妻と飲みたい気分になりました。妻は梅酒が好きでしたね」

「今晩は奥さんの分も用意して、お2人で飲まれてはいかがでしょうか」

「そうですね。サロンに参加して、少し気持ちが変わってきたのかもしれませ

ん。実は、仕事に復帰しようと考え始めました。とはいっても元の会社には戻れないので、コンサルをしている友人の手伝いから再出発しようかなって。先日、その友人から声をかけてもらいましてね。今夜はそんな話をしながら、２人でゆっくり飲みたいと思います」

「それはいいですね。久しぶりにお仕事に復帰されるというのは、奥さんにはうれしい報告ではないでしょうか」

「僕はもう仕事に戻れないまま、人生が終わっていくのかなって思っていましたから、妻もきっと喜んでくれるでしょうね」

「私はまだ、わからないことだらけです。夫の病室で会った例の社長さんのことも納得できないので、それは墓場まで抱えていくしかないのかなと思っています……」

「ずっと抱えていくかどうかはわかりませんよ。あいさんの中で何かが変わるときが、きっと来る気がします」

## 人生の意味を決めるのは

「さっきの続きですが、私はどうして自分が先じゃなかったのかって思うことがありました。子どもの葬儀をするという逆縁を自分が経験するなんて思ってもみなかったから、息をしているだけで精一杯のエネルギーを使っているような気がしていたし、温かい励ましすら受け入れる力もなかったと思います。『あの子は何のために生まれてきたの？』『死んだあの子のところへ行きたい』最初の1年くらいはそんな思いだけでした。こんな体験をさせられる自分の人生って、何なのかなと思いました。『死んだらダメ』とか『生きる意味はある』って言う人もいたけど、あの時は誰の言葉もいらなかった。ただただつらくて、何も考えられなくて……。ただ、そばにいてほしかった。でもそんな人はいませんでした」

「誰かに決められた人生の意味や目的なんてないと思います。自分の人生の意味は自分で決めたいです」

「そうですね。誰かに教えられたり、与えられたりするものではないのかもしれませんね」

## 看取れなかった後悔

「俺は……母の最期に立ち会えなかった自分を責める気持ちがあります。看取りすらしてやれなかった、親不孝な息子だって……」

「優太さん、もう少しお話を伺えるでしょうか」

「母ががんで入院をして、それから2年くらいは仕事をしながら、母の病院にほぼ毎日通っていました。洗濯物を取りに行ったり、たまには母の好きなもの

を買って行ったり……。いつどうなるかはわからないって担当のお医者さんに言われてからは、自分の好きなことをしようなんて考えられなかったし、プライベートな時間はほとんど持てませんでした。でもその間は何か調子が悪くて、仕事でも失敗しちゃうことが多くて、本当にフラフラでした。それでも毎日、何とか職場から病院へ行ってました」

「そういう状態で頑張っていらしたのですね」

「俺なりに、母にできることはしてきたつもりです。でも看取りは……」

「できることをしたと思いつつも、後悔されているのですね」

「はい。母が亡くなる前から、仕事が手につかなくて……イライラして、周りにも当たってしまいました」

「その人を失うと想像しただけでも、眠れないとか、食べられないとか、集中できないといった、これまで話してきたグリーフとほぼ同じような反応（予期悲嘆、アンティシパトリーグリーフ）が起きることもお伝えしておきます。重要な存在を失う可能性を感じているときは、当然気持ちも大きく揺らぎます。そんな中、優太さんはお母さまと向き合ってこられたのですから、どれだけ大変だったかと思います。そして1つ考えてほしいのは、『看取り』という言葉です。私はこの言葉が与える印象に縛られている人がとても多いと感じています。一般的に、死に目にあえなかったことを『看取れなかった』と言います。しかし、普段交流のない親戚が病院に駆けつけて臨終に立ち会ったことを、『看取りができて良かった』とする話がある一方で、毎日のように足を運んでいた家族が最期のタイミングに居合わせられなかったことを、『看取れなかった』と言って、何年も後悔されているという話も聞いてきました。私には、何かがずれているような気がしてならないのです」

「ずれている？」

「亡くなる瞬間に、『その場にいた』ことが看取りではなくて、その方の『向き合ってきた過程』、あるいは『向き合おうとしてきた気持ち』こそが『看取り』の本質ではないかということです」

「……じゃあ、俺も看取りをしてたんですか？」

「私はそう思います。優太さんは、誰よりもお母さんと向き合ってこられたのではないでしょうか」

## 故人へ想いを伝える

「今日のワークは、故人へ想いを伝えるということです。亡くなった、向き合うべき人に対して手紙を書きます。その人が近くにいて直接話せる、あるいは言葉が届く、という前提で手紙をしたためます。できれば、その人のことを思い出せる写真や思い出の品を探して、その人を感じながら書くことをお勧めし

ます。もちろん、そういったものがなくても大丈夫です。例えばある方は、幼い息子さんが大好きだったアニメキャラクターの封筒と便箋を用意して、お子さんが読めるように、すべてひらがなで書かれていました。中村さんは今晩、近くにいる奥さんに今のお気持ちを語ってあげられるといいですね」

「自分でもどんな言葉が出てくるかを考えると、すごく怖いです……」

「今は向き合うべきときではない方もいるかもしれませんので、くれぐれも無理をしないでください。例えばですが、もし皆さんに強い怒りの感情が出てきたときは、それを書いた後、『私はもう自由だ』と宣言して、手紙を破って処分してください。怒りをぶつけた手紙は何度も見ずに、手放すことが大切です。いつもお伝えしていることですが、気持ちが揺れる可能性は高いので、今行うことに抵抗を感じられる方は、ベストなタイミングが来ることを待って、無理をしないでほしいのです。ワークができなくても、歩みを進めていくことはできます。今回もよく頑張られました。皆さんの心と身体がもっと楽になります

ように」

## あいのつぶやき

今日は菜美さんの姿がなかったのが気になった。

私はペンケースから、万年筆を取り出した。これは実は夫の持ち物だった。一見高価なハイブランドのアイテムに見えるけれど、実は新婚旅行で出かけた海外でつかまされたバッタ物だ。でもそれが、いつも笑いが絶えない彼らしかった。

洋次くん、今どうしてる？　私、さみしいよ。あなたがいないこの世界が……。

お義父さんやお義母さんとは、時々食事をしてるよ。２人ともしんどそうだけど、何とか毎日過ごしているみたい。

私は死ぬ勇気もないけど、あなたがいないこの世界を生きたいとも思わない。ただ、看護師は続けてるよ。だって、仕事でもしてないと耐えられないし。

これでも私、職場や友達の前では気を張ってて、患者さんは誰も私が夫を亡くして半年だなんて、想像もしてないと思う。友達も私が元気になったと思ってるみたい。でもさ、家に帰るとクタクタなんだよ。洋次くんは、きっとどこかから見てるよね。それとさ、どうしても時々社長さんのことを思い出しちゃうんだ。なんであのタイミングで出てきたのって。やっぱり、あり得ない。家族がいたら普通は遠慮するものでしょ……。

1年間ずっと洋次くんと向き合ってきたのに、あのシーンで洋次くんとの大事な思い出を持っていかれたみたいで、悔しくて、その時のことを思い出すとすごく腹が立ってくるよ。洋次くんは私が落ち込んでるとき、いつも『エンタメじゃないなあ』って笑ってたけど、私も心から笑える日が来るのかな。たまには夢でもいいから出てきてほしいよ……。

## 4章のまとめ

●死別後、これまでの死生観や宗教観が揺らぐことがある。
●向き合うべき必要なテーマが夢の形で現れることもある。
●これまでの人生が揺らぎ、なぜ自分だけ残されたのかという感覚もある。
●死別の前から、死別後のグリーフと同様の反応（予期悲嘆）が起きることがある。
●故人へ思いを手紙などで伝えることで、気持ちの整理をすることができる。

### 【ワーク】あなたの想いをあの人へ届ける（グリーフレター）

あなたが今向き合っている相手の遺品、またはその人を想起するものを探してみましょう（見つからない場合は、無理に用意しなくても大丈夫です）。その品物を前に相手を思い浮かべ、今その人に届けられるという前提で、手紙をしたためます。

このワークはパソコンでもできますが、紙とペンを使って書くのをお勧めします。きっと、より気持ちのこもったものになるはずです。言葉が出ないと感じても、とりあえずペンを走らせることで、少しずつ想いが形になっていくでしょう。できれば、便箋と封筒はその人に渡したい物を使います。

気持ちが大きく揺れる方は、無理をしないでください。また怒りがある場合は、書いたものをそのままにせず、「私はもう自由だ」と宣言し、焼却する、破って捨てる、シュレッダーにかけるなどして、破棄してください。

文章を書く際、誰かに説明をする必要はありません。自分の普段使っている言葉で、あなたと相手の２人だけがわかる内容で構いません。相手について語るのではなく、相手に対して語ることが大切です。

## 【コラム】二重過程モデル

死別研究で知られるユトレヒト大学のマーガレット・S・シュトレーベ博士とヘンク・シュト博士は、「二重過程モデル（dual-process model）」を提示しました（１９９９）。このモデルは人間が大切な人と死別した後、その状況にいかに適応するかについての枠組みを示したものです。死別後は、哀しみと向き合う時間とそれらを思い出さない気晴らし（日常生活、新しい取り組み、心地よい人間関係など）を同時に行なっていきながら、生きていくことが大切になります。

いかにつらい現実を突きつけられても、哀しいことばかり考えていては、誰でも気が滅入ります。つらい現実があるからこそ、それらから離れる息抜きも必要なのです。バカも休み休み言えというように、涙も休み休み流すべきかもしれません。二重過程モデルは、哀しみと気晴らしの両者を行ったり来たりすることで、人は自分らしく生きられるようになるとしました。あなたも哀しみを忘れられる時間は何か、考えてみてはいかがでしょうか。

# 第5章 哀しみがあなたの未来にもたらすこと

街にはクリスマスの気配が漂い始めた。にぎやかなことが人一倍好きだった私なのに、今年は少しも楽しく感じない。先月は久しぶりに山登りまでできる自分になれたと思っていたが、心はこの数カ月で一番揺れていた……。最後のサロンは、グリーフレターを読み上げることから始まった。今日も菜美さんの姿はなく、中村さんが手紙を読み、智子さんが続き、優太さんはパスをし、最後が私だった。

## 言葉にならない気持ちを吐き出す

「夫への想いを机の上で書いたときも涙ぐんではいたのですが、実際に皆さんの前で読んだら、こんなに泣いてしまうとは思いませんでした。涙でメイクがボロボロになっているかもしれませんが、本当に夫に話をしている気持ちになりました……」

「書くことと、こうやって声に出すことはまったく違う体験になりますね。よくお話ししてくださいました。皆さん、かなり気持ちが揺れ動く時間だったと

思いますので、簡単な瞑想をして、少し気持ちを整えましょう。

身体を少し緩めて、心地よく、ゆったり座ります。

力は抜いたまま、腰は少し立てて、軽く背筋を伸ばします。

頭頂部と天井が一本の糸でつながっているような感じです。

足はしっかりと床につけています。

目を閉じられる方は、閉じましょう。

あなたが吸うひと息は、あなたの心を明るくします。

あなたが吐くひと息は、あなたの心を落ち着かせます。

もし瞑想の途中で、身体や心のどこかから、悲しみや怒りの気持ちが湧き上がってきたら、その想いを静かに受け取って、吐く息とともにゆっくりと身体の外に吐き出していきます。

そうです。気持ちを感じたら、静かに受け取って、ゆっくり吐き出します。

ひと息吐くたびに、あなたの身体の中の古く汚れているものが、浄化されていきます。

ひと息吸うたびに、新しい何かが全身に行き渡り、あなたの身体が生まれ変わっていきます。

ひと息吐くたびに、あなたの中の悲しみや怒りや不安は和らいでいきます。ひと息吸うたびに、あなたの中は喜びや満足や安心で満たされていきます。

そうです。自分のペースで、心地よく呼吸を続けていきます。

周りのかすかな光、空気の流れ、音に気づきながらも、静かに今ここにいることができます。

そうです。春の次は夏、夏の次は秋、秋の次は冬、冬の次は春が巡ってきます。変化をするのは自然なことです。それを感じながらもあなたは穏やかに、今ここにいることができます。

私が合図をしたら、ゆっくり目を開けます。目を開けると、これまでと違う世界が見えている自分に気づいています。

それでは、ゆっくりと目を開けていきます。そうです。心地よい範囲で、身体をゆっくり動かしてみましょう。

皆さん、いかがだったでしょうか」

「気持ちが少し落ち着きました」

「言葉で表現できない感情が湧き上がったとき、呼吸を通してゆっくり手放して、呼吸を通して望む感情を満たしていく。できれば毎日続けてほしい習慣です」

「夫が亡くなってから息をするのを忘れてきたというか、すごく浅い呼吸しかしてこなかったような感覚があります。1日1回でもゆっくり呼吸して、自分の感じているものを意識してみようと思います」

「大事なことは、何を感じても、呼吸と一緒にゆっくり受け取って、ゆっくり手放すことです」

「何だろう。心の中で妻をしっかり抱きしめた感覚があって、そうするとゆっくり手放して、彼女といい距離を取れるような気がしました」

「それはいいですね。今回、グリーフレターで相手と話せたと思った方も、ちゃんと話せなかったと感じた方も、こうして向き合おうとした自分をいたわってあげてほしいです。前回、スピリチュアルをテーマとして取り上げましたが、私はグリーフケアという取り組みを通して、たくさんの愛ある不思議な体験を聞かせてもらってきました。それらの体験は、故人との深い絆がなせる業かもしれませんし、もしかしたら、目に見えない何らかの後押しなのかもしれません。いずれにしても、こうやって自分に向き合っていくと、思いがけない体験をすることがあるんですね。ぜひ今までよりも、自分自身や自分の周りに起きることに意識を向けてみてください」

「敏さんが言われている言葉を楽しみにしていいのか、どう捉えていいのか、まだわからないので少し怖い気もします」

「すごく特別なことだけではなくて、自分が悩んでいた答えがふと見つかったり、力になってくれる人が出てきたり……。きっと必要なときに必要なことが

起きるはずと、周りを信頼する気持ちを持つのがいいと思いますよ」

## 記念日反応と対処の仕方

「今日は最終回なので、皆さんのこれからのために、いくつか知っておいてほしいことを取り上げたいと思います」

「今、瞑想をして少し落ち着いたのは本当なんですが、最近は街を歩いていても、自然と涙が出てきます。なんだかとても寂しくて……」

「いろいろなことが重なっているのかもしれませんね。今後のために、今日は記念日反応ということについて、お話ししておこうと思っていました。グリーフを抱えられた方の多くが経験することの1つが、記念日反応と言われるものです。特定の時期や特定の日になると、あるいは近づくと、普段以上に気持ちが揺らぐことや、体調不良になることがあります。例えば、あなたの大切な人

の誕生日であるとか、これまで一緒に過ごした特別の日とか。この季節なら、クリスマスや大晦日、お正月とかもなりやすいです」

「俺は、母の日になるとすごく気持ちが揺れます。テレビでもSNSでも、母親にプレゼントをした話を見かけるだけで、すごく動揺しちゃうんです」

「SNSには考えさせられてしまうことが多いですね」

「最近だと、私は11月22日の『いい夫婦の日』はつらかったです。そんな幸せそうな写真あげないでと思いました。自分が見なければいいんですけど、どうしても目に入ってしまって」

「だから、フェイスブックもツイッターも、俺は辞めちゃいました」

「そうだったのですね。でも、嫌という自分の気持ちを大切にすることは大事

だと思います」

「私は、息子の誕生日はいまだにきついですね。自分だけがおいしいものを食べちゃダメという思いもあったし、その日は調子が悪くて、1日寝ていることも多かったです。子どもの日とかもそうだったなあ。これまで何とかやり過ごしてきた感じでした。実は今年は息子が生きていたら20歳になる年なので、成人式のニュースを見ると、大人になるまで守ってやれなかった自分を責める気持ちは出てきます……」

「確かに特別な日は、つい周りと比較してしまったりして、特別な感情が湧いてくるかもしれません。毎年その時期になると、決まってケガをしてしまうという人もいます。集中力を欠いているのかもしれません。それでも記念日反応というものがあると学ぶことで、自分に起きていることは当然だと知って、少し楽になるといいですね」

「皆さんの話を聞きながら、何が私をこんなに不安にさせるのかとずっと考えていました。クリスマスもそうですが、私は夫の命日が近づいていることに反応していたと感じました。大事には至らなかったものの、仕事でミスをすることが増えましたし、ケガのことは心当たりがあります。他にも特定の日だけでなく、季節や匂いに反応することもあります。夫と歩いた銀杏並木は、今も歩けません」

「僕は妻と同じ香水を付けている方がいたらすぐわかるし、一瞬で妻が元気だった当時に引き戻される感じがあります」

「特別な日だけじゃなく、場所や匂いという場合もありますね。今後皆さんが生活していく上で、それらの反応とどう向き合っていくかも考えておきたいところです。1つご提案できるのは、その日が近づく前、あるいはその場所に行く前に、自分の態度や行動をあらかじめ決めておくことです」

「自分の態度や行動というと、すぐに思い浮かばないのですが、例えばどんなことでしょうか」

「例えば、クリスマスは友達と集まって過ごすなどは1つの方法です。中村さんは年末年始にできることはありそうですか？」

「そうだなあ……。僕のこれまでは、何となくやり過ごしては寂しさを感じてましたね。映画が好きなので、見る作品を20本くらい決めておいたら、考えないで済むかもしれないなあ」

「なるほど。20本あれば、年末年始は穏やかな気持ちで過ごせるかもしれませんね」

「私は亡くなった息子の誕生日に、ケーキやごちそうを作ってあげたいです。年数を重ねると少しずつ心の痛みが消えていく反面、だんだん息子の記憶が薄

れていく自分がすごく悲しいです。『ずっと覚えていてあげられなくてごめんね』という気持ちがあります。『お母さんの作ったごはんが一番おいしい！』って言ってくれたあの子を、ずっと考えてあげる1日にできたらと思います」

「それはいいですね。今のお話に加えて、近いところでは成人の日もありますから、その日はどうしたいかも考えてみるといいかもしれませんね」

「そうですね。家族と相談してみます」

## 好きだけど嫌い、嫌いだけど好き

「俺、実は前回のワークで、自分でもびっくりする経験をしたんです」

「よかったら、どんなことだったか教えてもらえませんか？」

「俺は母の最期を看取れずに後悔してるって言いましたけど、本当はそうじゃなかったんです。すいません」

「ここには優太さんを責める人は誰もいませんから、謝る必要なんてありませんよ」

「……俺は子どものときから、母にずっと暴言をぶつけられてきました。『お前はバカだ』『お前なんか産まなきゃよかった』って。母は優しいときもあるんです。でも何かあると、『産まなきゃよかった』って言われてきました。小さいときはとてもショックだったけど、俺が悪い子だから母はあんなこと言うんだって思って、少しでもいい子でいようとしてました。中学生になったくらいからは、『また言ってるよ』って聞き流してたけど、本当はすごくつらかったです。だけど5年前に母が病気になって、それから亡くなるまで2年間、自分が世話をせざるを得なくなりました。本当のことを言うと、母が亡くなってホッとした自分がいました。やっと母から解放されるって。だから、皆さんの亡

くなった人に会いたいって気持ちを知るたびに、俺はここに参加するべきじゃなかったかなって思ってました……。3回目のサロンで、アンビバレントの人は悲嘆が重くなる可能性があるって、言ってましたよね。俺のことだと思ったんですけど、その時も自分のことは皆さんの前では話せなくて……。それを言ったら母を傷つけると思って、ここでもずっといい子でいようとしてました」

「……勇気を出して話してくださって、ありがとうございます。自分の傷を認めることは、誰にでもできることではありません。認めるのが恥ずかしいと感じられることもあったでしょうし、受け止めてもらえるか怖かった気持ちもあったと思います」

「正直、怖かったです。皆さんは受け入れてくれるとも思うけど、どこかで信じきれていないというか、勇気が持てなくて……。それがこの間、自分の部屋で子どものときの自分に手紙を書いたときは、めちゃくちゃ泣けてびっくりしました。ずっと感情を押し殺してきたから、自分のことで泣くのは初めてだっ

たかも……。それから、亡くなった人に気持ちを伝えるグリーフレターを書くのにはすごく迷いました。母にぶつけたいのは、怒りの感情ばっかりだったから……。亡くなった人を思い出す物を探すって言われたときも、気は進まなかったんですけど、初めて母の部屋の整理をしてみました。そうしたら押入れの箱の中から、日記と手縫いの革細工が出てきました。俺は知らなかったんですけど、母は若い頃、革を使って物を作るのが好きだったみたいで、たくさん作品を残してたんです。あと、実は母も自分の母親からすごく冷たくされてきて、誰にも言えなかった気持ちを日記に書いてたことがわかりました。実は俺も手先は器用なのと、革細工がすごく好きだったから、革細工の職人になりたかったんです。ただ、仕事にするのは大変かなと思って、いつの間にかあきらめて、とりあえず派遣で仕事を始めました。昔から、ひどいことを言ったり殴ったりする母と顔が似てるって言われるのがすごく嫌だった。自分がもし母の影響を受けていて、あんな風になるくらいなら、大人になりたくないと思った。死んだほうがマシだとずっと思ってきました……。今も母のことは心から好きとは言えないけど、母なりに頑張ってきたんだなって思ったら、何だかとても愛おしい気持ちになれて……。俺、革細工を手にすると、すごくぬくもりを感じるんです。もしかしたら母もそうだったのかなって……。今回、初めて母ときちんとつながれた気がしたんです……」

「そうだったのですね……。お母さまと大事なものを共有できて、初めて深い所でつながれたのですね」

「はい、今はそう言われても素直に受け止められます」

「……優太さんはこれからどうされたいでしょうか。もし、お金とか立場とか、今自分にかかっている制約をすべて取り払って、何でもできるとしたら……」

「……こんなこと言っていいのかなあ」

「ここは何を言っても大丈夫な場所ですよ」

「俺、今まで自分の気持ちをずっとごまかしてきた気がします。俺が革細工から特別なぬくもりと力を感じるように、心のこもった作品を丁寧に形にする職人になりたいです」

「自分の想いによく気づかれましたね。そんな気持ちを作品に込められる優太さんなら、きっといい職人さんになれますよ」

## 傷を景色に変える勇気

「では、次のテーマに移りましょう。ここに1つの湯のみがあります。私が好きな備前焼の湯のみなんですが、ここに装飾が施されているのがわかりますか。ここは実際に割れてしまったところなのですが、『金継《きんつ》ぎ』といわれる日本の伝統技法でよみがえったものです。一般的には陶磁器が割れたら使い物にならないので、捨てられることも多いと思います。しかし金継ぎという技法は、割れたり、ひびができたりしたところを愛でるように漆でつないだ後、金粉で装

飾を施します」

「日本的で、とても美しいですね」

「壊れた物には価値が見いだせなかったり、隠したり、捨てたりする人も多いのではないでしょうか。海外には傷を消して修復する技術はありますが、この金継ぎのように、むしろ傷を強調するような修復方法はほとんど見られません。
さて、金継ぎをしたら、どれくらいの価値になると思いますか？」

「2倍くらいでしょうか？」

「金継ぎされた作品は作成者によって、元の金額の何倍、何十倍と価値が高まるものもあります」

「そんなに!?」

「そしてこの装飾された傷のことを、金継ぎの世界では『景色』と呼びます。傷がないことを良しとするのでもなく、傷を隠すのでもなく、その傷を愛でる姿にグリーフケアとの深い共通点を感じて、私も金継ぎを学ぶようになりました。傷を丁寧に修復することで、景色が離れた両者を深くつなぎ合わせます。そこからさらに新しい景色が生まれるんですね。**私たちも嫌なことやつらいという不快な気持ちを無視せず、大切にできたら、その対極にある自分の本当の想いに気づくことができます。**これからは、傷がなかったことにしない。無理に隠そうとしたり、なくそうとしたりするのではなく、自分の一部として大切に愛でることで、本当の意味でその人らしく生きることができるのではないでしょうか」

「……傷を景色に変える勇気が持てたら、きっと違う世界が見えるのですね」

「皆さんも傷ついたからこそ、見えるようになったこと、気づけるようになったことがたくさんあるのではないでしょうか。それは傷がない人にはわからな

い、大きな目覚めの体験ともいえます。私たちグリーフ専門士は、黒子として、ほんの少しお手伝いさせてもらうに過ぎません。傷を景色に変えられるのは、医師でも、看護師でも、心理職でもなく、皆さん自身です」

「妻が亡くなってから、随分自分を見つめ直させられたし、仕事をしていたときにはわからなかった他の人の痛みにも気がつけるようになりました。少なくともこのサロンが始まってから今日までの間に、外に出る勇気が湧いた気がします」

「その勇気をさらに育んで、新しい景色を描けたら素敵ですね。もちろん、傷ついたときはつらいです。そのときのために私は活動を続けますし、つらいときや、勇気をくじかれるときがあったら、いつでもグリーフサロンに戻ってきてください。もちろん、ここはいざというときの場所なので、ずっといる必要はありません。少し休んだら、また外に出て行けばいいんですから」

「いつでも戻ってこられる場所があると思うだけで、勇気がもらえます」

「では、最後のワークをお伝えします。2回目のサロンで、ロスラインというワークを提案しました。今回は、ゲインラインというワークです。あなたが人生で得てきたものを紙に書きます。あなたと仲良くしてくれた友達、見守ってくれた人、手にした資格、立場、その他、何でも構いません」

「例えば大学に入ったとか、経歴みたいなものでもいいんですか」

「はい、皆さんがこれは自分が得たものだなと感じられるものなら何でもいいと思います。できれば目に見えるものだけではなくて、見えないものにも触れてみましょう。優しさや忍耐強さ、判断力、勇気……思い浮かぶものを記していきます」

「俺は得てきたものがそんなにあるとは思えないので、ちゃんと出てくるか心

配です……」

「大丈夫。こうして向き合ってきた優太さんには、もう大事なものが見つかっていますよ」

## キャンバスを広げる

「皆さん、この画像を見てもらえますか。これが何かわかりますか？」

「黒い丸？」

「何を表したものだと思いますか？　思いつくものを教えてください」

「ホクロ？　穴？　何だろう？　シミ？」

「そうですね。確かに優太さんが仰る通りです。でも、ここには黒いものだけではなく、白い部分もたくさんあります。人は人生の中で欠けてしまったもの、失ってしまったもの、足りないものに焦点を当てがちです。でも、人生の途中では仲間に出会うこともある、見守ってくれる人もいる、応援しようとしてくれる人もいる。実際にそのために行動している人もいます。もし自分にはそんな人がいなかったと思ったら、インターネットで検索してみてください。自死遺族を応援しているグループ、配偶者離別を支えようとしている人たち、障がいを持った方の力になろうとしている人たちもいます。周りを見てみたら、高齢者に席を譲る若い人、譲れなくても譲ろうかとモゾモゾしている人だってい

るかもしれません」

「これまでと違うところに目を向けろということですね」

「ええ、そう思います」

「1人で何とかしてきたと思ってましたけど、私も友人や地域の方々に随分助けられてきたんですよね。そこにはずっと目を向けてなかったんだな……」

「あの……」

「どうしましたか」

「……母が亡くなった日の病院の窓から見えた夕焼けが、すごくきれいで……。
初めて自然がきれいだって感じられたんです。母を亡くしたばかりなのに、そ

んな風に感じるのは不謹慎だと思ってきたし、これまではそんな自分を責めてきたんですけど……。でも、もっといろんな感情を大事にしていいんですよね。好きとか嫌いとか悲しいとかうれしいとか、今まで感じたことがなかったことも、見ようとしなかったことも」

「お母さんの革細工から、優太さんの中で何かが生まれたのですね」

「正直、いい母親だったとは思えないけど、母は母なりに必死に生きてきたんですよね……。母を恨んでも、自分を責めても、俺の人生には役立たないって気づきました」

「それは大切な気づきですね。苦しい経験をしてきた方は、周りを認めることは簡単ではないかもしれません。もし人生の●が大きすぎて、白いところがないと感じたら、●が描かれているキャンバスをもっと大きく広げてみてほしいのです」

「そうですね。これから何ができるかわかりませんが、今まで行かなかった所に行ってみたり、知らなかった人に出会ってみたりして、勉強しながら自分のキャンバスを広げていきたいです」

「応援しています。月に数時間顔を合わせただけの私に、できることは限られているかもしれません。それでも、皆さんのひとときの居場所になれたらと思って続けてきました。哀しみに向き合うことはとても勇気がいることです。皆さん、本当によく向き合い、やりきりました。その頑張りに、勇気に、拍手を送りたいです。皆さん、自分に拍手を送ってあげましょう」

画面の向こう側から、みんなの手を叩く音が聞こえた。

「私はここにいます。皆さんはつらいとき、いつでもここに戻ってくることができます。いつか傷は景色に変わります。自分の人生の流れを、行く先を信じ、今を生きていきましょう。皆さんの心と身体がもっと楽になりますように」

## あいのつぶやき

最終日、これまでパスの多かった優太さんがあんな話をしてくれたことが、自分のことのようにうれしかった。

私にはずっと居場所がなかった。家でも1人ではいたたまれなかった。仕事には行くけれど、いつも仮面を付け、無理をしている自分がいた。気遣ってくれる仲間はいる。でも、だからこそ心配させたくなかった。そうやって自分を押し殺してきた。

グリーフサロンに参加して私は変わったのか、変わらなかったのか。今はまだよくわからない。ただ1つだけ言えるのは、グリーフサロンは私の居場所だったということだ。

クタクタだけど、最後のワークも今日中に書くことにした。

7歳　祖父母と過ごすことになった

8歳　料理、掃除、洗濯を何とか1人でできるようになった

9歳　作文で表彰された
18歳　看護学校に入った
22歳　看護師免許を取得
27歳　洋次くんと出逢った
32歳　長い間友だちだった洋次くんに告白され、付き合うことになった
33歳　初めて洋次くんとお泊まり旅行をした
　　　洋次くんにプロポーズされた
34歳　洋次くんと結婚した
35歳　一瞬だけどお腹の中に赤ちゃんを授かった（流産してしまったけど）
36歳　グリーフケアの仲間に出逢った

書き終えて、私はそのまま机の隣にあるベッドにゴロンと横たわった。

＊　＊　＊

病院に友達が集まって洋次くんを囲んでいる。私は泣きながら言った。

「手を握ったり、さすったりしてもらえる？　こんな状況で、何で？　と思うかもしれないけど、洋次くんにばかなことを聞かせてあげて」

彼には時間がない。最期に少しでも笑っていてほしい。少しでも楽になってほしい。

しばらくして、彼の呼吸が止まった……。

洋次くん、洋次くん、洋次くん、洋次くん……。逝かないで、逝かないで、お願い、逝かないで……。私は心の中で叫んだ。

「あいちゃん、洋次のところへ」

彼の友人にそう言われた直後、

「洋次‼」

巨漢の社長さんが、洋次くんのところへ飛び出した。

「えっ⁉　そこは私の場所……」

私をずっと苦しめてきた、あの場面だ。

次の瞬間、私は自分の目を疑った。私を苦しめてきた社長さんの背中を、空中からドンと押している洋次くんがいた。そして、彼女が彼に覆いかぶさったのだ。

えっ、洋次くんが2人!?　ベッドに横たわる彼と、彼女の背中を押す彼……。

「洋次くん、何で……」

「何だよ〜、あいちゃん。こんな時こそ笑ってよ。エンタメじゃないなあ!!」

と、社長さんの背中を押した洋次くんが言った。

「そんなの笑えないよ……」

＊＊＊

力が抜けたところで目を覚ますと、そこはいつもの自分の部屋だった。夢……あれは洋次くんの仕業なの……。

私は写真立ての中の洋次くんに向かって言った。

「あれはひどいよ。洋次のばか、ばか、ばか……」

写真の洋次くんは、相変わらず笑っていた。

## 5章のまとめ

●故人との思い出の日、思い出の場所に揺れる反応は自然なものである。
●記念日反応は事前対処を考えておくことで、気持ちを落ち着かせることができる。
●傷を隠し続けず大切にすることで、たった1つの自分を慈しむ景色となり得る。
●支援があることを信じ、今自分の置かれている場所より広い場所に出てみる。
●失ったものを認めた上で、得てきたものを数えることで自分を受け入れられる。

### 【ワーク】あなたが人生で手に入れたもの（ゲインライン）

あなたはこれまでにたくさんのものを失ってきたかもしれません。傷ついたことも、1人で我慢をしてきたこともあったでしょう。しかし、今あなたはその痛みを認め、大切にしています。そんなあなたが今だからこそ気づく、これまでの人生で得てきたものはなんでしょうか。

あなたが出会った人、支えてくれた人、見守ってくれた人、ものの見方、手に入れた能力などを、できるだけ書き出していきましょう。

十分に気持ちを吐き出す前にゲインラインを書こうとすると、表面を取り繕う形になってしまう場合があります。第2章で提案したワークのロスラインを行った上で（まだできていない方は、そちらから取り組むことをお勧めします）、ゲインラインを行うことによって、見えるものが変わってくるでしょう。

## 【コラム】心的外傷後の成長　PTG（Posttraumatic Growth）

死別は悲嘆や罪悪感、不安などのネガティブな反応を引き起こすことが多いものです。中でも心的外傷（トラウマ）は、身体が危険にさらされるような恐ろしい出来事を体験することで、心が本来の機能を果たせなくなる状態をいいます。

研究によると、トラウマは激しい恐怖、孤立、困惑などの反応を引き起こす一方で、経験した人が人格的に大きく成長するとの見解があります。その概念の1つが心的外傷後の成長です。反面、この「成長」は「成長したと周囲に思われたい気持ち」から生ずる防衛（自分を保つための反応）であり、グリーフケアにおいても、心的外傷後の成長を強要すべきではないという主張もあります。

死別の哀しみは和らぐことはあっても、完全に消えるのではなく、ともに存るものといえます。しかし、身体の傷が自然に治るように、人には自己修復する力があります。喪失体験の悲嘆反応であるグリーフは、あなたを新しい世界へ連れていきます。人には困難を糧に成長していく力があります。未来を選ぶのはあなたです。

# エピローグ
# ～それぞれの2年後～

最後のグリーフサロンから2年が経った。

その後、私は優太さんと時々連絡を取り合うようになった。彼は派遣社員を続けながら、インスタグラムでいいこと日記を始め、毎日良かったことを3つ挙げている。インスタグラムに革細工の小物をアップしたところ、周りの人から欲しいと言われ、少しずつ販売するようになったそうだ。

智子さんとは去年、ある認知症セミナーで偶然一緒になった。娘さんは看護師を目指して勉強中らしい。智子さんのお父さんは認知症が進み、智子さんの顔も名前も覚えていないそうだ。そんなある日、奇跡が起きたという。

お父さんの食事を介助しているとき、智子さんが何気なく亡くなった息子さんの話をしたところ、「あの子が生きていたら、もう22歳か……。お前もここまでよく頑張ったなあ」と、元気なときの父親の顔で言ったというのだ。その後、対話にならない元の状態に戻ったものの、その一瞬でこれまでの苦労が報われた気がした、と話す智子さんのうれしそうな顔を忘れられない。

中村さんは仕事を再開し、今はある女性とお付き合いされていると知った。フェイスブックでメッセージを送ったところ、「幸せになる勇気ですよ」とのろけた返事が返ってきた。そのキューピット役は、智子さんだったそうだ。

そしてもう1人、私が一番気になっていた菜美さんは、サロンが終わった半年後に、ようやくフェイスブックで連絡が取れた。彼女は体調を崩し、仕事を3カ月休んだという。サロンの途中だったが、連絡もできないまま離れたそうだ。まだ自分には向き合える時期ではなかったと打ち明けてくれた。その後、菜美さんはそれまで住んでいた都市部を離れ、地方の小さな町へ移住した。

敏さんが言っていた、傷から生まれる景色。私にも見えるだろうか。

人は死ぬ。泣いても笑っても、いつかは死ぬ。ケアされる人も、ケアする人も、例外なく……。

人は悩みながら、時に誰かの助けを得ながら、必ず再生へのスパイラルを描いていく。アドラーが言ったように、人生の意味は自分が自分の人生に与えるものなんだ。

看護師の仕事は変わらず続けている。サロンが終わってから2年の間に、患者さんの最期に立ち会うことは何度もあった。あの時感じたこと、得た知識、仲間と真摯に向き合おうとしたあの時間は、今も私を支えている。そして、大切な人を亡くした人たちに寄り添っていきたいという望みにもなった。

私は勤務している緩和ケア病棟で、病室のドアをノックした。

「おはようございます。おかげんはいかがですか」

そう声をかけてベッドに歩み寄り、患者さんの手をそっと握った。

# おわりに　～哀しみに向き合うということ～

２０２３年、厚生労働省の人口動態統計月報年計（概数）によると、日本人の年間死亡者数は１５７万５９３６人でした。１日に４３００人以上が、日本のどこかで亡くなっていることになります。仮にその死を深く悼む人が３人いるとしたら、毎日１万２０００人以上の人が死別を経験し、大きな悲しみに暮れることになります。

今回テーマとしたグリーフは、誰にでも起こりうる自然な反応です。ところがその痛みがつらすぎる場合、そんな出来事はなかったことにしてしまう人も少なくありません。もちろんそれは、私たちが生きていくための１つの能力と呼べるでしょう。一方で、大きな傷を負いながらも痛みがないように振る舞い続けることで、知らず知らずに生きづらさを抱えてしまうこともあります。もしあなたがこれまで生きづらさを感じてきたとしたら、本書は哀しみや痛みと折り合いをつける一助になるはずです。

痛みを隠し続けるのは、楽ではありません。グリーフサロンでは、心の奥にしまい込んでいた哀しみを認めることから始めます。自分の哀しみや痛みと向き合うことは、とても難しい作業です。それだけに、当時感じ取れなかった気持ちを感じることは、あなたにとって大きな一歩となります。

哀しみと折り合いをつけるために一番大切なものは、薬でもなければカウンセリングでもありません。哀しみに向き合う勇気と、つながりです。私たちグリーフ専門士、ペットロス専門士は、そのほんのしばらくの間、ご一緒する役割を担えたらと願っています。

実際のグリーフサロン（プログラム版）は本書とは少し異なり、２週間または１カ月ごとに２時間行い、６回で合計12時間にわたる内容です。参加者次第で、流れや雰囲気も随分変わります。毎回、生き物のような場の変化を感じつつも、悲嘆についての知識を深めながら、対等に語り合う有効性を実感してきました。

一方で、その深くて重いご経験に対して言葉を失い、たった一言に躊躇させられてきました。ですから、どれだけ知識を学んでも、自分に死別の経験があっても、目の前にいる方の抱える気持ちの重さや深さは、本当の意味では「わからない」ものだと感じます。

しかし、グリーフケアはそこから始まるのではないかと思います。わからないながらも目の前にいる方の言葉に心が動かされ、その「哀しみ」と「愛しみ」を感じながら真摯に関わらせていただくしかないと考えています。

その意味でも、私たちグリーフ専門士、ペットロス専門士が目指すのは、治療的立場でもなく、指導的立場でもなく、「同行者」という立場です。

なお、サロンには、トラウマや精神疾患を抱えた方が来られることも少なくありません。トラウマを抱えた方の場合、ただ気持ちを吐き出すことに終始すれば、あまりに強い揺らぎのため、感情の海に溺れてしまう可能性があります。ですから自分の限界を自覚し、より専門性の高い医療職、心理職にリファー（紹介）することも重要です。

また、グリーフを抱えた方が他者から受ける不適切な対応（グリーフハラスメント）は、家庭、職場、友人間、ＳＮＳ等、ごく身近なところで起こっています。悲しいことですが、身近な人を自死で亡くした方が、「あなたは何で異変に気づかなかったの」といった非難を受けるケースもあります。死別はとても繊細で傷つきやすい局面です。その点においても、グリーフの知識は一部の人のものにせず、より広く、より多くの方へ届けることが求められるでしょう。

人は時に、家にも職場にも友達の輪の中にも、「居場所」がなくなってしまうことがあります。私たちは、ここなら、この人なら、この仲間なら……そんな頼れる同行者として「居場所」をつくり続けるつもりです。

本書は、今哀しみを抱えている方に読みやすいものを目指しましたが、支援者にとってもヒントになることを散りばめたつもりです。内容はご本人に了承をいただくか、ご本人が特定できない配慮をし、現実にあったこと、抱えている葛藤にも触れ、出来るだけ現場を再現しようと努めました。実際のグリーフサロンでは、参加者がさらにじっくり語り、私たち専門士が伝える知識は少なめですが、その点は紙面の都合等によるため、ご容赦ください。現在、グリーフサロンは名称や内容をリニューアルし、ＩＥＲＵＢＡ（イエルバ）のわかちあいの会として活動しています。

また、本書では伝えることができなかった声のスピード、トーン、表情、雰囲気といった非言語の部分こそ、支援者にとって重要なところでもあります。この出会いがきっかけで自分も支援者にという方には、ぜひこの大切な取り組みに参加していただけたら幸いです。

根気強くお付き合いくださり、知見をいただいた自由国民社の編集者である井上はるかさん、上野茜さん、企画のたまご屋さんの上野郁江さん、ともに進んでくれる日本グリーフ専門士協会の仲間、医療・看護・介護の現場で、また心理職として指導してくださった先生方、愛する家族、そして勇気を持って悲嘆と向き合われている皆さんに、心より感謝申し上げます。

あなたの「居場所」が広がることを願って。

２０２０年９月　井手敏郎

## 参考文献

井手敏郎(2019)．死別悲嘆の理解とこれまでのモデルの検討：臨床サポートのための統合的なモデルを目指して(修士論文)

井手敏郎(2020)．金融機関行職員のためのグリーフケアを意識した相続の手続きと上手な接遇方法　近代セールス社

American Psychiatric Association (2013). *Diagnostic and statistical manual of mental disorders* (*5th ed.*). Arlington, VA: American Psychiatric Publishing. (米国精神医学会 日本精神神経学会・高橋 三郎・大野 裕(監訳) 染矢 俊幸・神庭 重信・尾崎 紀夫・三村 將・村井 俊哉(訳)(2014)．DSM-5 精神疾患の診断・統計マニュアル　医学書院)

青山 真帆(2017)．がん患者遺族の悲嘆・抑うつ・睡眠状態・飲酒行動の実態と関連要因　東北大学医学部医学系研究科博士論文

Bowlby, J. (1980). *Attachment and loss, Vol.3 Loss Sadness and depression.* London: Hogarth Press. (ボウルビィ, J. 黒田 実郎・吉田 恒子・横浜 恵三子(訳)(1981)．母子関係の理論Ⅲ　対象喪失　岩崎学術出版社)

Burnell, G.M., & Burnell, A.L. (1989). *Clinical management of bereavement A handbook of healthcare professional.* New York: Human Sciences Press, Inc. (バーネル, G.M.・バーネル, A.L. 長谷川 浩・川野 雅資(監訳)(1994)死別の悲しみの臨床　医学書院)

Davis, C.G., & McKearnery, J.M. (2003). Wortman, C. B. (2004). Posttraumatic growth: Progress and problems. *Psychological Inquiry, 15,* 81-90.

デーケン アルフォンス(2011)．新版 死とどう向き合うか　ＮＨＫ出版

Deutsch, H. (1937). Absence of grief. *Psychoanalytic Quarterly, 6,* 12-22.

遠藤 利彦(1997)．悲しみとは何か？　悲しみはいかに発達するか？　松井 豊(編)悲嘆の心理(pp.9-51)誠信書房

Freud, S. (1917). *Mourning and melancholia.* The standard edition of the complete IV 1914-1916) On the History of the Psycho-Analytic Movement, Papers on Metapsychology and Other Works, 237-258. (フロイト, S. 井村 恒郎(訳)(1970)．悲哀とメランコリー　フロイト著作集6　人文書院)

Friedman, R.A. (2012). Grief, depression, and the DSM-5 *The New England Journal of Medicine, 366*:1855-1857.

Hagman, G., (2001). Beyond decathexis. Toward a new psychoanalytic understanding and treatment of mourning. In R.A. Neimeyer (Ed), *Meaning reconstruction and the experience of loss* (pp.13-31). Washington DC: American Psychological Association. (ハグマン, G. 富田 拓郎・菊池 安希子(訳)　脱カテクシスを超えて　ニーマイアー, R.A.(編)(2007)．喪失と悲嘆の心理療法―構成主義からみた意味の探究(pp.25-45)　金剛出版)

平山 正美(1997)．死別体験者の悲嘆について　主として文献紹介を中心に　松井 豊(編)悲嘆の心理(pp85-112)誠信書房

Holmes, T.H., & Rahe, R.H. (1967). The social readjustment rating scale. *Journal of Psychosomatic Research, 11*, 213-218.
星 良孝(2013)．死別の悲嘆も条件次第でMDD　m3.com Retrieved from https://www.m3.com/open/sanpiRyouron/article/175140/(2019年5月28日)
自殺総合対策推進センター(2018)．自死遺族等を支えるために～総合的支援の手引 Retrieved from HYPERLINK https://jssc.ncnp.go.jp/(2019 https://jssc.ncnp.go.jp/(2019年5月28日)
片山 佳代子・坂口 早苗・坂口 武洋(2006)．悲嘆緩和を目的とする某インターネットセルフヘルプグループの現状調査 日本公衛誌, *53(6)*, 424-431
Kubler-Ross, E. (1969). On death and dying. Macmillan.
(キューブラー・ロス．E. 川口 正吉(訳)(1971)．死ぬ瞬間─死にゆく人々との対話─ 読売新聞社)
黒川 雅代子(2014)．救急医療における家族・遺族支援の試み─悲嘆理論を踏まえたジェネラリスト・ソーシャルワーク実践の枠組から─ 関西学院大学大学院人間福祉研究科博士論文
Liebrich, A. いとうたけひこ・山崎 和佳子(訳)(2015)．心的外傷後成長(PTG)研究におけるナラティブ・アプローチ 苦労体験学(Suffering Experience Research)に向けて 東西南北．*2015*, 88-103.
Lindemann,E. (1944). Symptomatology and management of acute grief. *American Journal of Psychiatry, 101*, 141-148.
正木啓子(2016)．グリーフケアの必要性とその提供方法─自死遺族のグリーフケアの現状と課題─　人間学研究論集, No.5, 41-54.
Maslow, A.H. (1954). *Motivation and personality*. New York : Harper and Row Publishers.
宮林 幸江・坂口 幸弘・田中 久夫(2007)．グリーフケアの実践と展望 宮城大学看護学部紀要．*10(1)*, 1-8.
宮林 幸江・関本昭治(2012)．初めて学ぶグリーフケア　日本看護協会出版会
Moxley,S., & Marshall, J. (2010). Grief and loss handbook Retrieved from https://www.lake.k12.fl.us/cms/lib/FL01000799/Centricity/Domain/5659/Grief_and_Loss_Handbook_Final_8-1-10.pdf
長崎 雅子・松岡 文子・山下 一也(2006)．年代および性別による死生観の違い ─非医療従事者を対象としたアンケート調査を通して─ 島根県立看護短期大学紀要．12, 9-18.
Neimeyer, R.A. (2001).Introduction, in Neimeyer, R. A.(Eds.), *Meaning reconstruction and the experience of loss*, Washington DC: American Psychological Association
(ニーマイアー．R.A(編)．富田 拓郎・菊池 亜希子(訳)(2007)．喪失と悲嘆の心理療法─構成主義からみた意味の探究 金剛出版)

Neimeyer, R.A. (2002). *Lessons of loss : A Guide to Coping.* Memphis: Center for the Study of Loss and Transition
（ニーメヤー, R.A. 鈴木 剛子（訳）(2006). 大切なものを失ったあなたに―喪失をのりこえるガイド― 春秋社）
日本うつ病学会・気分障害の治療ガイドライン作成委員会(2016). 日本うつ病学会治療ガイドライン
日本人生哲学感情心理学会(n.d.).REBTを活かした心理的支援及び関連情報の提供Retrieved from
http://j-rebt.org/mental-support/index-6.html(2019年5月28日)
日本グリーフ&ビリーブメント学会(n.d.). 複雑性悲嘆 Retrieved from
http://gandb.net/knowledge/complicatedly.html(2019年5月28日)
大和田 攝子・大和田 康二・加山 寿也・城下 安代(2013).
遺族サポートグループにおける参加者の心理プロセスとその促進要因に関する質的研究
Palliative Care Research, *8(2),* 254-263.
小此木 啓吾(1979). 対象喪失―悲しむということ― 中公新書
Parkes, C.M. (1996). Bereavement: Studies of grief in adult life (3rd ed.). New York: Routledge, Methuen & International University Press.
（パークス, C.M. 桑原 治雄・三野 善央訳(2002). 死別―遺された人たちを支えるために― メディカ出版）
Rando, T.A. (1984). Grief, dying and death: Clinical interventions for caregivers. Champaign, Illinois: Research Press Co.
Ray, A. & Prigerson, H. 勝野とわ子（訳）(2007). Grieving. Retrieved from
http://pub.maruzen.co.jp/index/kokai/stress/Stress
238. pdf(2019年5月28日)
Richards, T.A.(2001). Spiritual resources following a partner's death from AIDS. In R.A. Neimeyer (Ed), *Meaning Reconstruction and the Experience of Loss* (pp173-190). Washington DC: American Psychological Association.
（リチャーズ, T.A. 富田拓郎・菊池安希子（訳） パートナーがエイズで亡くなった後に支えとなったスピリチュアルな力 ニーマイアー, R.A.（編）(2007). 喪失と悲嘆の心理療法―構成主義からみた意味の探究(pp.145-161). 金剛出版）
Rosenblatt, P.C. (1983). *Bitter, bitter tears: Nineteenth century diarists and twentieth century grief theories.* Minneapolis: University of Minnesota Press.
Sadock,B.J. & Sadock, V.A.(2003). *Kaplan & Sadock's Synopsis of Psychiatry.* Philadelphia Lippincott Williams & Wilkins
（サドック, B.J・サドック, V.A. 井上 令一・四宮滋子（監訳）(2006). カプラン臨床精神医学テキスト
第2版 DSM-IV-TR診断基準の臨床への展開 メディカル・サイエンス・インターナショナル）
Sadock, B.J., Sadock, V.A., & Ruiz, P. (2015). *Kaplan and Sadock's Synopsis of Psychiatry: Behavioral Sciences/*

*Clinical Psychiatry. 11th ed.* Philadelphia Wolters Kluwer.
（サドック．B.J・サドック．V.A・ルイーズ．P. 井上令一（監修）　四宮 滋子・田宮 聡（訳）(2016)．カプラン臨床精神医学テキスト DSM-5診断基準の臨床への展開 第3版 メディカル・サイエンス・インターナショナル

才藤 千津子(2006)．欧米における悲嘆の研究における近年の研究動向に関する一考察―『意味の再構築』という視点から見た死別と悲嘆への牧会ケアに向けて― 新島学園短期大学紀要．26,29-41.

坂口 幸弘(2005)．グリーフケアの考え方をめぐって 緩和ケア．*15(4)*, 276-279

Sanders,C.M.(1992). *Surviving grief and learning to live again 1st edition.* New York: John Wiley & Sons Inc.
（サンダース．M.C. 白根 美保子（訳）(2000) 死別の悲しみを癒すアドバイスブック（初版）筑摩書房）

瀬藤 乃理子・丸山 総一郎・村上 典子(2005)．死別後の病的悲嘆の「診断」をめぐる問題―DSMの診断基準を中心に― 心身医学．*45(11)*, 833-842

Shear,M.K.,Simon,N.,Wall,M.,Zisoook,S.,Neimeyer,R.,Duan,N.,…Keshaviah,A.(2011). Complicated grief and related bereavement issues for DSM-5. *Depression and Anxiety, 28(2),* 103-117.

Shuchter,S., & Zisook, S.(1993). The course of normal grief. In Stroebe, M. S, Stroebe, W & Hanson, R.O (Eds.), Handbook of bereavement: Theory, research and intervention (pp.23-43). Cambridge, England:Cambridge University Press.

Shneidman,E.S.(1973). *Death of man.* New York: The New York Times Book Co.
（シュナイドマン．E.S. 白井 徳満・白井 幸子・本間 修（訳）(1980). 死にゆく時―そして残されるもの 誠信書房）

ステッドマン医学大辞典編集委員会（編）(1997)．ステッドマン医学大辞典 第4版 メジカルビュー社

Stroebe,M.S. (1993). Coping with bereavement a review of grief work hypothesis. *Omega,26,* 19-42

Stroebe, M.S., Hansson, R.O., & Stroebe, W. (2008)
*Handbook of bereavement research and practice:* Advances in Theory and Intervention
（森 茂起・森 年恵（訳）(2014)．死別体験―研究と介入の最前線　誠信書房）

Stroebe,M.S., & Schut,H. (1999). The dual process model of coping with bereavement: rationale and description. *Death Studies, 23,* 197-224.

Stroebe,W., & Stroebe, M. (1987). *Bereavement and health: The psychological and physical consequences of partner loss.* New York: Cambridge University Press.

鈴木 志津枝・内布 敦子(2011)．緩和・ターミナルケア看護論 第2版 ヌーヴェルヒロカワ

武井 優子・嶋田 洋徳・鈴木 伸一(2011)．喪失体験からの回復過程における認知と対処行動の変化 カウンセリング研究，44(1),50-59.

武富 由美子・田渕 康子・藤田 君支(2016)．がん患者遺族の心的外傷後成長の特徴とストレスコーピング・ソーシャルサポ

ートとの関連 日本看護研究学会雑誌, *39(2)*, 25-33.
Tedeschi, R.G., & Calhoun, L.G. (1996). The posttraumatic growth inventory: Measuring the positive legacy of trauma. *Journal of Traumatic Stress, 9*, 455-471.
得丸 定子・吹山 八重子(2005). 悲嘆を伴う死別に関する意識調査ー小・中・高等学校の児童・生徒を対象として 日本家庭科教育学会誌, *47(4)*, 358-367.
富田 拓郎・瀬戸 正弘・鏡 直子・上里 一郎(2000). 死別体験後の悲嘆反応と対処行動ー探索的検討ー カウンセリング研究, 33,48-56.
藪本 知二・田中 愛子(2013). 遺された人への援助ー癒しの旅路ー 山口県立大学学術情報 6,53-60.
藪本 知二・田中 愛子(2018). 青年期における死別後の悲嘆に関する調査 山口県立大学学術情報, 11,41-45.
山本 力(2014). 喪失と悲嘆の心理臨床学 誠信書房
渡邊 照美・岡本 裕子(2006). 身近な他者との死別を通した人格的発達ーがんで近親者を亡くされた方への面接調査から 質的心理学研究, No.5, 99-120.
Worden, J.W. (2008). *Grief counseling and grief therapy: A Handbook for the Mental Health Practitioner*. (4th ed.). New York: Springer Publishing Company.
(ウォーデン, J.W. 山本 力(監訳), 上地 雄一郎・桑原 晴子・濱崎 碧(訳)(2011). 悲嘆カウンセリングー臨床実践ハンドブックー 誠信書房)
Wortman, C.B. & Silver, R.C. (1989). The myths of coping with loss. *Journal of Consulting and Clinical Psychology, 57(3)*, 349.
Wortman, C.B. (2004). Posttraumatic growth: Progress and problems. *Psychological Inquiry, 15*, 81-90.

## 井手敏郎

公認心理師／米国臨床心理学修士（ＭＡ）
一般社団法人 日本グリーフ専門士協会代表理事／グリーフケアスクール代表
特定非営利活動法人 全国自死遺族総合支援センター理事／電話相談スーパーバイザー
とうきょう自死遺族総合支援窓口スーパーバイザー
日本個人心理学会（アドラー心理学）理事

幼少期の喪失体験をきっかけに日本、アメリカ、ドイツでグリーフケアを学び、自治体、医療、福祉、大学、保険業、葬祭業を中心にグリーフケア研修を行う。遺族の支援者を養成し、グリーフ専門士／ペットロス専門士の取得者は１０００名を超える（２０２４年現在）。

東京都が行う自死遺族総合支援窓口の立ち上げに参画し、スーパーバイザーとして活動。

オンラインの遺族専門支援サイト「ＩＥＲＵＢＡ（言える場／癒える場）」を運営し、死別の悲嘆の「わかちあいの会」や個人カウンセリングを続けている。

ドキュメンタリー映画『グリーフケアの時代に』取材協力。

修士論文『死別悲嘆の理解とこれまでのモデルの検討：臨床サポートのための統合的なモデルを目指して』
著書『金融機関行職員のためのグリーフケアを意識した相続の手続きと上手な接遇方法』近代セールス社

## 一般社団法人 日本グリーフ専門士協会　無料行事のご案内

●**グリーフケア・ペットロスケアを基礎から知りたい方へ**

ＷＥＢで学べるグリーフケア入門講座・ペットロスケア入門講座

上のＱＲコードに携帯電話のカメラをかざすと案内サイトに進みます。

●**大切な人や動物との別れで、悲しい、苦しい、つらい方へ**

ＷＥＢで語れるグリーフサロン・ペットロスサロン（わかちあいの会）等

上のＱＲコードに携帯電話のカメラをかざすと案内サイトに進みます。

〒110-0015 東京都台東区東上野2-2-9 川島ビル5階
（一社）日本グリーフ専門士協会「CROSSROAD」

講演・研修・執筆のお申込み、お問合せは、日本グリーフ専門士協会ホームページ
https://grief-japan.net からお願いします。

**大切な人を亡くしたあなたに知っておいてほしい５つのこと**

2020年10月23日　初版第１刷発行
2024年７月23日　初版第６刷発行

著　　　者　　井手敏郎

企画協力　　上野郁江（企画のたまご屋さん）
イラスト（カバー、章扉）　佐藤香苗
イラスト（本文）　村山宇希
カバーデザイン　小口翔平＋加瀬梓（tobufune）
Ｄ　Ｔ　Ｐ　有限会社 中央制作社

発 行 者　石井　悟
発 行 所　株式会社 自由国民社
〒171-0033 東京都豊島区高田3-10-11
電話 03-6233-0781（営業部）　03-6233-0786（編集部）
https://www.jiyu.co.jp/
印 刷 所　株式会社 光邦
製 本 所　新風製本株式会社